メキシコ料理大全
Viaje por la Gastronomía Mexicana
第2版

はじめに

　今回のレシピ執筆にあたっては、バラエティに富み、各地の地方料理も含めると非常に多岐にわたるメキシコの伝統的な料理の中から特に重要と思われるものを厳選しました。

　いずれも、実際に私の経営するメキシコ料理レストラン「サルシータ」で提供し、お客様から一定の評価をいただいたものです。

　メキシコでの古典的なレシピを下敷きにしながらも、日本で手に入る材料を使って「素材の味を活かす」という自分の考え方も反映させています。

　サルシータを始めてから約16年間、常に「メキシコらしさとは何か？ それを日本のお客様にどう伝えるか？」ということを自問自答してきました。その中で無駄と思われるものは削ぎ落とし、必要と思われるものは加えて、今のレシピができあがりました。

　あくまで、レストランで提供しているレシピであり、家庭で気軽に作れるものばかりではありませんが、メキシコの伝統的な料理の奥深い世界を理解する上での一助となれば幸いです。

　　　　　　　　　　　　　　　森山光司

メキシコ料理
想像を超える極上の体験

　日本でメキシコ料理が話題にされる時、一般的には、戦後の日本へ1950年代に入ってきた大衆向けの献立を指すことが多いのですが、この「メキシコ料理」は、米国の南部で生まれた「ファストフード」のきわめてローカルなバージョンです。戦後社会が新しいメニューや好みに開放される中で、日本人の味覚に合わせる調整を経て、成功を収めました。

　こうした「メキシコ料理」のレッテルを貼られて、ほぼ日本全国で見かけるメニューは、実のところ、全体のごく一部に過ぎず、多様な食材や味、食感など、本物のメキシコ料理が提供する食の体験を全面的に反映するものではありません。こうしたステレオタイプの料理は、本物のメキシコ料理が持つ真の豊かさを備えてはおらず、それが一旦普及した状況下で本物の食材や調理を正しく普及し直すことは、簡単ではないのです。

　メキシコは、多様な地形や気候を持ち、絶好のロケーションに恵まれ、世界各国の料理で使用されるベーシックな食材の大部分を供給する国だと知る人はごく僅かです。トウモロコシ、トマト、フリホール（インゲン豆）、アボカド、トウガラシ、カカオ、バニラ、アガベなどがそうした品目の一部として挙げられます。

　数千年も前から、メキシコ料理では豊富な食材を採用し、様々な調理法が開発されてきましたが、歳月を重ねて、そのバリエーションの幅が広がり、細かい味が混ざり合って深みを増しました。こうした本物のメキシコ伝統料理の特質が認められ、ユネスコの世界無形文化遺産リストへ2010年に掲載されています。

　本物のメキシコ料理は、タコスやエンチラーダス、トトポス添えグアカモレだけにとどまらず、魚介類や肉類（地元特産のグァホローテなども含む）、淡水や塩水に生息する原産の魚類、同じく原産の野菜や果物などの食材を含みます。それらに、幾世紀もの年月をかけて数多くの世代が受け継ぎ改良した国内各地方固有のレシピで作る多種多様なソースを添えて、味付けが完成するのです。

　次にメキシコ料理に接する機会（ご自宅か細部にこだわる専門店かを問わず）に遭遇された場合には、多彩な味覚を巡る旅を体験する心構えと新鮮な気持ちで食卓に向かうことをおすすめします。本物のメキシコ料理は、あなたの想像を遥かに超越する、貴重で忘れ難い感動と思い出をもたらすでしょう。

メキシコ観光局　駐日代表
ギジェルモ・エギアルテ
訳:三好 勝

メキシコ料理大全 第2版
Viaje por la Gastronomía Mexicana

目次 Contenido

- 6 メキシコの基礎知識
- 10 メキシコ料理の基礎知識

16 第1章 メキシコ料理を作る

18 1 ソース サルサス／Salsas
- 20 トウガラシ図鑑
- 22 サルサ・ベルデ／Salsa Verde
- 23 サルサ・メヒカーナ／Salsa Mexicana、サルサ・グアヒーヨ／Salsa Guajillo
- 24 サルサ・ボラーチャ／Salsa Borracha
- 25 サルサ・デ・チレ・アバネロ／Salsa de Chile Habanero、サルサ・マッチャ／Salsa Macha
- 26 グアカモレ／Guacamole
- 27 サルサ・デ・モルカヘテ・バシカ／Salsa de Molcajete Básica、サルサ・デ・モルカヘテ・ピカンテ／Salsa de Molcajete Picante
- 28 コラム1 メキシコレストラン事情

30 2 アントヒートス／Antojitos
- 33 トルティーヤ・デ・マイス／Tortilla de Maíz
- 35 タマーレス／Tamales、自家製ラード
- 37 タマーレス・デ・ポヨ／Tamales de Pollo、タマーレス・デ・セルド／Tamales de Cerdo
- 39 ソペス／Sopes
- 41 ケサディーヤス・デ・コマル／Quesadillas de Comal、ケサディーヤス・フリータス／Quesadillas Fritas
- 42 タコス・デ・カルニータス／Tacos de Carnitas
- 43 タコス・デ・チョリソ・イ・パパ／Tacos de Chorizo y Papa、タコス・デ・レス／Tacos de Res
- 45 タコス・デ・ペスカード／Tacos de Pescado、スパイシーアリオリソース
- 46 トスターダス／Tostadas、ティンガ・デ・ポヨ／Tinga de Pollo
- 47 フラウタス／Flautas
- 48 パヌーチョス／Panuchos、ポヨ・ピビル／Pollo Pibil
- 49 ゴルディータス／Gorditas
- 51 チラキーレス／Chilaquiles、サルサ・ロハ／Salsa Roja、トルティーヤチップス
- 53 エンチラーダス・ロハス・デ・ポヨ／Enchiladas Rojas de Pollo、エンチラーダス・ベルデス／Enchiladas Verdes、サルサ・ベルデ／Salsa Verde
- 54 エンチラーダソース
- 55 エンチラーダス・ア・ラ・プラサ／Enchiladas a la Plaza
- 56 コラム2 メキシコ人の1日の食事

58 3 スープ ソパス／Sopas
- 60 カルド・デ・ポヨ／Caldo de Pollo、鶏胸肉
- 61 コンソメ・デ・ポヨ／Consomé de Pollo
- 62 ソパ・デ・トルティーヤ／Sopa de Tortilla、チレ・パシージャペースト
- 63 ソパ・デ・リマ／Sopa de Lima
- 64 カルド・トラルペーニョ／Caldo Tlalpeño
- 65 クレマ・デ・カラバシータ／Crema de Calabacita
- 67 ポソレ・ブランコ／Pozole Blanco
- 68 メヌード・ロホ／Menudo Rojo
- 69 ソパ・デ・フリホーレス／Sopa de Frijoles
- 70 ソパ・デ・マリスコス／Sopa de Mariscos
- 71 チルパチョーレ・デ・ハイバ／Chilpachole de Jaiba
- 72 コラム3 カカオ荘園を訪ねて

74 4 サラダと野菜料理 エンサラーダス・イ・ベルドゥーラス／Ensaladas y Verduras
- 76 サルピコン・デ・レス／Salpicón de Res、ハラペーニョ・ドレッシング
- 77 エンサラーダ・デ・アグアカテ・イ・ハイバ／Ensalada de Aguacate y Jaiba、チポトレ・ドレッシング
- 78 エンサラーダ・デ・ノパル／Ensalada de Nopal
- 79 エンサラーダ・デ・ノチェブエナ／Ensalada de Nochebuena
- 80 ハラペーニョ・レジェーノ／Jalapeño Relleno、自家製パン粉
- 81 エンクルティードス・デ・ベルドゥーラス／Encurtidos de Verduras
- 82 クレパス・デ・クイトラコチェ／Crepas de Cuitlacoche
- 83 モジェーテス／Molletes

- 85 パパドゥズレス／Papadzules、チルトマテソース、赤タマネギのピクルス
- 86 ブディン・アステカ／Budín Azteca
- 87 ブディン・デ・カラバシータ／Budín de Calabacita
- 88 モローテス／Molotes
- 89 チレ・アンチョ・レジェーノ・コン・アトゥン／Chile Ancho Relleno con Atún
- 91 チレ・レジェーノ／Chile Relleno、豚肉のピカディージョ、トマトソース
- 93 チレス・エン・ノガーダ／Chiles en Nogada
- 94 コラム4 祝祭日の特別な伝統料理

98 5 肉料理 カルネス／Carnes
- 101 カルネ・アサーダ／Carne Asada
- 103 バルバコア／Barbacoa

4

105	コチニータ・ピビル／Cochinita Pibil、ピビルペースト	
106	ビリア／Birria	
107	ロモ・アドバード／Lomo Adobado、マリネペースト（アドボ）	
108	アルボンディガス／Albóndigas	
109	ブリートス・デ・チロリオ／Burritos de Chilorio、小麦粉のトルティーヤ	
110	チョリソ・カセーロ／Chorizo Casero、チレ・アンチョパウダー	
111	ケソ・フンディード／Queso Fundido	
112	モレ・デ・オジャ／Mole de Olla	
113	ティンガ・ポブラーナ／Tinga Poblana	
114	コラム5　陽気で楽しいメキシカンパーティ	

116	⑥ **魚介料理** ペスカードス・イ・マリスコス／Pescados y Mariscos	
119	セビーチェ／Ceviche	
121	コクテル・デ・マリスコス／Coctel de Mariscos	
123	ワチナンゴ・ア・ラ・ベラクルサーナ／Huachinango a la Veracruzana	
124	ペスカード・ティキンシック／Pescado Tikin-xik	
125	ペスカード・ア・ラ・タジャ／Pescado a la Talla、チレ・グアヒーヨ・マリネペースト	
126	プルポ・ア・ラ・メヒカーナ／Pulpo a la Mexicana	
127	カマロネス・アル・アヒージョ／Camarones al Ajillo	
128	カマロネス・ア・ラ・ディアブラ／Camarones a la Diabla、チレ・チポトレペースト	
129	カマロネス・アル・テキーラ／Camarones al Tequila	
130	コラム6　極彩色のメキシコの市場	

134	⑦ **モレ料理とその他** モレス・イ・オトロス／Moles y Otros	
137	モレ・ポブラーノ／Mole Poblano	
139	ピピアン・ベルデ／Pipián Verde	
140	モレ・アルメンドラード／Mole Almendrado	
141	モレ・ネグロ／Mole Negro	
142	モレ・アマリージョ／Mole Amarillo	
143	モレ・ベルデ・オアハケーニョ／Mole Verde Oaxaqueño	
145	アロス・トリコロール／Arroz Tricolor、アロス・ベルデ／Arroz Verde、アロス・ブランコ／Arroz Blanco、アロス・ア・ラ・メヒカーナ／Arroz a la Mexicana	
147	アロス・ア・ラ・トゥンバーダ／Arroz a la Tumbada、魚スープ	
149	フリホーレス・デ・ラ・オジャ／Frijoles de la Olla、フリホーレス・レフリートス／Frijoles Refritos	
150	フリホーレス・チャーロス／Frijoles Charros	
151	ウエボス・アオガードス／Huevos Ahogados	
153	ウエボス・ランチェロス／Huevos Rancheros、ウエボス・ア・ラ・メヒカーナ／Huevos a la Mexicana、サルサ・ランチェラ	
154	エンパナーダス／Empanadas	
156	コラム7　メキシコの地方の食文化	

168	⑧ **デザート** ポストレス／Postres	
171	パステル・デ・トレス・レチェス／Pastel de Tres Leches	
172	フラン／Flan	
173	クレパス・コン・カヘータ／Crepas con Cajeta	
174	アロス・コン・レチェ／Arroz con Leche	
175	ソルベテ・デ・リモン／Sorbete de Limón、ニエベ・デ・マンゴ／Nieve de Mango	
176	カピロターダ／Capirotada	
177	ブニュエロ／Buñuelo	
178	コラム8　メキシコで愛されるスイーツ	

180	⑨ **ドリンク** ベビーダス／Bebidas	
182	アグア・デ・ハマイカ／Agua de Jamaica、アグア・デ・タマリンド／Agua de Tamarindo	
183	アグア・デ・オルチャータ／Agua de Horchata	
184	カフェ・デ・オジャ／Café de Olla、チャンプラード／Champurrado	
185	ポンチェ・ナビデーニョ／Ponche Navideño	
186	マルガリータ／Margarita、パロマ／Paloma	
187	サングリータ／Sangrita	
188	コラム9　メキシコの様々なアルコール	

190	**第2章【図鑑】メキシコ料理を知る**
192	1.食材図鑑
200	2.アルコール図鑑
202	3.台所道具図鑑
203	4.手工芸品図鑑
204	食に関するスペイン語
205	食材取扱店
207	料理家、執筆者プロフィール

- 本書では2015年5月末日時点で日本で手に入る材料を使い、業務用の調理器具と環境で作られたプロフェッショナルなレシピです。メキシコで作る際は、黒糖はピロンシージョ（Piloncillo）を使用するなどメキシコの食材をご活用ください。
- 分量表記では大さじ1（15ml）、小さじ1（5ml）のほか、厳密な計量が必要な場合はg、ℓ、mlを用い、優先するものの違いから様々な単位を採用しています。
- トウガラシはヘタと種を取った重さを表記しています。
- 香味野菜は、ありあわせのタマネギ、ニンジン、セロリ、パセリの茎の切れ端などです。
- キーライム／ライムは、なるべくキーライムを使用してください。ライムジュース、レモンでも代用できます。
- トルティーヤは指定がないかぎり自家製のトウモロコシのトルティーヤです。
- タマネギ1個300g、トマト1個160g、ニンニクは1片10gを目安にしています。ニンニク1株は皮付きの丸ごとです。
- ラードは自家製ラードを推奨していますが、サラダ油でも代用できます。
- BP＝ベーキングパウダーです。
- スペイン語のカタカナ表記は[ll]はトルティーヤなどヤ行が優勢な例を例外とし、ジャ行で表記しています。そのほか、地方や文献によって異なる表記も多々あります。あくまで発音の目安としてご活用ください。

メキシコのプロフィール

正式国名
メキシコ合衆国 [Estados Unidos Mexicanos]
一般的にはメキシコ[México]といわれ、発音は「メヒコ」

人口
約1億2,601万人（2021年、INEGI）

面積
196万4,375平方キロメートル（日本の5.2倍）

首都
メキシコ市（Ciudad de México）、略称はCDMX

公用語
スペイン語（メキシコには、様々な先住民族がおり、それぞれに異なる言語を有する。その数は68におよぶ）

宗教
約9割（89.3%）がキリスト教（ローマ・カトリック）

通貨
メキシコ・ペソ（Peso Mexicano）一般的に$と表記
（2025年3月7日現在、1米ドル＝20.29ペソ、1ペソ＝7.27円）

平均年齢
29歳（24歳以下の年齢が全体の半数を占める）

平均寿命
75歳（男性：72歳／女性：78歳）

GDP（国内総生産）
1兆2,609億ドル（世界第15位）

経済成長率
3.2％（2015年予測）

日系進出企業数
1,272社（2021年10月）

在留邦人数
10,143人（2022年10月）／日系人数は7万6千人以上

在日メキシコ人数
3,197人（2022年6月）

日本との時差
15時間（中部標準時CST）

世界遺産登録件数
35件（2018）

日本人観光客数
約13万人（2014）

訪墨観光客数
年間約4,502万人（世界第7位）

政体
立憲民主制の連邦共和国（全国は32州から構成される）

国家元首
アンドレス・マヌエル・ロペス・オブラドール大統領
（2018年12月1日就任、任期6年、再選不可）

【年度記載のないデータについては、2013年の統計数値】【出所：INEGI（メキシコ国立地理統計情報研究所）、Banco de México（メキシコ中央銀行）、SE（メキシコ経済省）、SECTUR（メキシコ観光省）、SRE（メキシコ対外関係省）、外務省（日本）】

年表（メキシコの略史と日墨交流史）

紀元前1200年～	オルメカ文明が栄える（～前400）
紀元前100年～	テオティワカン文明（～7世紀）
紀元前600年～	マヤ文明（～16世紀）
14世紀～	アステカ文明（都：テノチティトラン）
1521年	スペイン人のコルテスがアステカ帝国を征服する
1609年	☆400年を越える日墨友好関係のはじまり
1810年～	メキシコ独立運動のはじまり
1821年	約300年間続いたスペインの植民地支配から独立
1846年～	米墨戦争に敗れ、国土の半分近くを米国に割譲
1858年	レフォルマ戦争（保守派と自由主義派による対立）
1861年～	フランスによる内政干渉
1867年	先住民出身では初めての大統領・フアレス政権の誕生
1874年	☆コバルビアス率いるメキシコ天文観測隊が訪日し、横浜で金星日面通過を観測（帰国後に政府へ提出した報告書『日本旅行記』で、日本との交易開始を提言）
1876年～	ディアス政権のはじまり（以降、34年の長期政権が続く）
1888年	☆日墨修好通商航海条約締結　[国交樹立]（日本にとっては初めての平等条約で、対欧米列強不平等条約の改正に貢献）
1897年	☆榎本殖民団がメキシコに渡航（対ラテンアメリカでは初めての組織的移民団）
1910年～	メキシコ革命のはじまり（1917年、現行憲法公布）
1938年	石油資源の国有化、40年：石油公社設立
1945年	国際連合に創設メンバーとして加盟
1968年	オリンピック開催（64年には東京オリンピックが開催された）
1970年	FIFAワールドカップ開催、78年：石油鉱脈が発見される
1971年	☆「日墨研修生・学生等交流計画」が発足（「日墨戦略的グローバル・パートナーシップ交流計画」に名称が変更となり現在も存続。実績：延べ4,400人以上が交流）
1985年	メキシコ市で大地震発生、86年：GATT加盟、FIFAワールドカップ開催
1994年	NAFTA（北米自由貿易協定）発効、OECD加盟
1997年	☆日本人メキシコ移住100周年記念式典
2005年	☆日本・メキシコ経済連携協定（日墨EPA）発効
2009－2010年	☆日本メキシコ交流400周年記念行事開催
2010年	独立200周年、メキシコ革命100周年
2013－2014年	☆支倉使節団メキシコ上陸400周年

（☆は日墨交流史における重要な史実を示したもの）【メキシコは、先住民が築いた古代文明を礎として、スペインやフランスなどのヨーロッパから中世・近代の文明を受け入れ、北に隣接する大国との政治・経済的に密接な関係を特色とする国です】

メキシコの農産物輸出世界ランキング

1位 アボカド、グァバ、トマト、パパイヤ、マンゴー

2位 アスパラガス、スイカ、メロン、レモン・ライム

3位 エシャロット、キュウリ、タマネギ、有機はちみつ

その他の主要輸出作物
イチゴ、オレンジ、カカオ、カボチャ、クルミ、ココナッツ、サトウキビ、塩、グレープフルーツ、チリ（トウガラシ類）、テキーラ（竜舌蘭）、トウモロコシ、ノンカフェインコーヒー、パイナップル、バナナ、フリホール豆、紅花、ラズベリー、レタス

メキシコの対日農産物輸出上位5品目
豚肉（シェア率：32.7%）、生鮮・乾燥果実（20.5%）、牛肉（8.4%）、生鮮野菜（7.9%）、カツオ・マグロ類（6.5%）

Teotihuacan, Estado de México

【出所：SAGARPA（サガルパ：メキシコ農務省）、ProMéxico（プロメヒコ：メキシコ大使館 商務部）、農林水産省（日本）の2013年度統計数値に基づいて作成（金額ベース）】

サボテンの国？

メキシコといえば、「サボテンの国」というイメージを抱く人が多いかもしれません。しかし、北部には砂漠地帯、中央高原の盆地、南部の熱帯雨林など、極めて変化に富む気候と自然環境が農産物の豊かな実りをもたらしています。太平洋、大西洋、カリブ海にも面した長い海岸線をもち、そこには多数の港や世界有数のリゾート地があります。

国旗と国章の由来

国旗に使用されている三色のうち、緑は「民族の運命における国民の希望」、白は「統一、カトリックの純潔さ」、赤は「独立、国家に殉じた愛国者の血」、中央の白地に描かれた鷲は「誇り高く力強い若者」、ヘビは「豊かな大地」を象徴しているといわれます。ウチワサボテンの上で蛇をくわえた鷲が国章です。これはアステカ帝国の建国神話に由来します。

古代文明が栄えた国

紀元前から16世紀前半まで、メキシコでは数々の古代文明が栄えました。コルテス率いる一団に征服されたアステカ帝国は、インカ帝国が貢物を贈るほど繁栄をきわめました。トマトやカカオなど多くの食物をスペイン人がヨーロッパに持ち帰り、その後、全世界に広がっていったのです。

メスティソの国

メキシコは、約8万年前にベーリング陸橋を渡ってアジアから移り住んだ原住民と、大航海時代に到来したヨーロッパ人との血が混ざり合った人々、メスティソ（混血）の国です。メキシコの独立運動には、メスティソ階層の台頭が深く関わっています。

400年以上前からの友好国

日本とメキシコの友好関係は、上総国岩和田（現在の千葉県御宿町）沖合で遭難したフィリピン総督代理一行を地元漁民らが救助した1609年に始まります。1888年に締結された日墨修好通商航海条約は、日本にとって西洋と結んだ初めての平等条約となり、欧米列強との不平等条約改正交渉に大きく貢献しました。

世界遺産の国

2023年現在35件で、世界第7位です（日本の登録数は26件で11位）。古代文明のピラミッドなどの文化遺産や、クジラ保護区やテキーラの原料である竜舌蘭の景観などの自然遺産は、世界中の観光客を魅了します。メキシコの「伝統料理」は2010年に、日本の「和食」は2013年にユネスコの無形文化遺産に登録されました。

Text: Iriyama Sebastián Shinichi, Miyoshi Masaru, Photo: メキシコ観光局

メキシコ料理の基礎知識

メキシコ料理の豊かさを知る

　日本から直行便で約11時間の距離に位置するメキシコ。北はアメリカ、南はグアテマラ及びベリーズと国境を接し、東は大西洋とカリブ海、西は太平洋に面しています。日本の約5倍という広い国土は、多様な植生に恵まれ、メキシコ原産の野菜や果物を産み、世界中の食生活を豊かにしています。またメキシコは、マヤやアステカといった古代文明、ヨーロッパからの影響を色濃く受けた植民地時代など、文化の面でも特殊な発展を遂げてきた国でもあります。メキシコ料理は、こうした風土や歴史を背景に、多数の先住民族の伝統料理にヨーロッパの調理法が加わり、さらに現代人の嗜好に合わせたアレンジや創作も加わることで、現在の様々な料理へと至っているのです。

　2010年、メキシコの伝統料理は、フランス料理、地中海料理と並び、共に料理としては世界で初めてユネスコ無形文化遺産に登録されました。メキシコ料理の素晴らしさは、世界に認められ、評価され、注目され続けています。

チリコンカンはメキシコ料理ではない

　挽肉と豆を煮こんだチリコンカンという料理は、世界中の人からメキシコを代表する料理だと誤解されていますが、これらはテクス・メクス（Tex-Mex）と呼ばれる、メキシコと国境を接するアメリカ南部（かつてはメキシコの領土だった）発祥のメキシコ風アメリカ料理。メキシコ国内では、一部北部を除いては、ほとんど食べられることはありません。

　ファストフード店やコンビニエンスストアで売っているブリトーもしくはブリート（Burrito）、ファヒータ（Fajita）も、メキシコ料理だと思われがちですが、これも代表的なテクス・メクス料理です。他にも、アメリカではタコスをタコシェル（堅いトルティーヤ）で食べますが、メキシコではタコスはトウモロコシの柔らかいトルティーヤを使うのが一般的などの違いがあります。

アチオテ（Achiote）という独特の赤い香辛料で味付けをしたミショーテ（Mixote）と呼ばれる蒸した肉料理に付け合わせのインゲン豆の煮込み、トマトピラフ、生野菜のサラダを合わせたメキシコの食堂の定番の食事例。トウモロコシの粉を練って円形に薄く伸ばし焼いたトルティーヤも、メキシコの食卓に欠かせない存在。

ケレタロ州のハルパン・デ・セーラ（Jalpan de Serra）村の市場で提供されていたサカウィル（Zacahuil）。バナナの葉を幾枚も重ねて巨大な塊にして蒸す、時間も手間もかかるワステカ（Huasteca）地方の料理。

メキシコ原産の食材

　トウモロコシ、トウガラシ、インゲン豆の3種類は、メキシコ料理の基本的な食材。そのいずれも現在のメキシコからグアテマラにかけての地域に自生していたものです。日本語のトウモロコシ、トウガラシの「唐」は、中国から伝わったもの、または海外伝来のものを意味しており、またインゲン豆は明の僧である隠元の名から来ていますが、元々はメキシコからヨーロッパ、その後中国を経由して、日本に到着したものなのです。他にも、アボカドやカボチャ、カカオなどがメキシコ原産で、世界中の料理に大きな影響を与えています。

　さらに、洋菓子の香りづけに欠かせないバニラはベラクルス州パパントラの特産品です。栄養価が高く、アレルギー対応食品として注目されている雑穀アマランサス、ミネラル豊富でダイエット食品として注目されるチアもメキシコ原産です。また、これら植物だけではなく、七面鳥はメキシコに生息し、家禽とされていたものです。

メソアメリカ文明から始まるメキシコ料理史

3万年以上前に現在のメキシコ中央部に流浪の民が定住し、狩猟、採集を始め、紀元前7000年にはすでにトウモロコシ、トウガラシ、インゲン豆、アボカド、カボチャの野生種が採集されていました。紀元前5000年には初歩的な農耕が開始され、紀元前3400年には川や湖の近くに竪穴式住居をかまえた集落ができ、紀元前2000年には様々な作物が栽培され、土器がつくられ、共同体で農業が行われていました。

その後、地形や気候に合わせて各地に多様な文化が発達し、紀元前1200年頃から紀元前400年頃にかけてメキシコ湾岸にオルメカ文明が、紀元前100年頃から7世紀にかけて中央高原にテオティワカン文明、6世紀から16世紀にかけてユカタン半島中心にマヤ文明、そして14世紀から1521年まで中央高原にアステカ文明が栄え、また食文化もそれぞれの中で受け継がれ、発展していきました。

先スペイン期の食

メキシコ人の主食トウモロコシは、マヤ系先住民族の間で伝わる神話『ポポル・ヴフ』で「神は人間をトウモロコシで創った」と語られているほど、神聖なものと考えられていました。トウモロコシを神として崇める場合もありました。

カカオはオルメカ文明で栽培されていましたが、少なくとも紀元前600年頃は既にマヤ文明でもカカオを飲んでいたことがわかっています。アステカではすりつぶしたカカオに香辛料を加えたショコラトル（ナワトル語で苦い水という意味）は王侯貴族の飲み物でした。またメトル（Mētl）などと呼ばれる竜舌蘭からつくったプルケ酒も飲まれていました。アステカの首都テノチティトランではチナンパと呼ばれる湖沼に人工的につくった畑で農耕が行われ、ティアンギス（Tianguis）という定期市で収穫物が売られていました。現在のメキシコ市の中央部にあたるトラテロルコにあった市場では、果物、野菜、淡水魚、海水魚、七面鳥、野鳥、プルケ酒などが売られていたとされています。また、現在も食されているタマーレス（Tamales）、アトレ（Atole）、ポソレ（Pozole）などのトウモロコシ料理の原型もすでにアステカ時代には作られていました。

女性たちが食事支度をする当時の様子を再現したもの（メキシコ市・テンプロ・マヨール博物館）。

メキシコ原産や、メキシコで先スペイン期に栽培されていた食物を再現（メキシコ市・テンプロ・マヨール博物館）。

メキシコ原産のカカオ。

プルケが作られるアガベ・サルミアーナ（Agave Salmiana）。マゲイ・プルケーロ（Maguey Pulquero）とも。

先スペイン期からの調理器具

トルティーヤやアトレをつくる時には、アルカリ処理したトウモロコシの粒をメタテ（Metate）という長方形の石臼とマノ（Mano）という石棒でつぶし、マサ（Masa）という生地にまとめます。マサを薄く丸くのばしてコマル（Comal）という皿のようなもので焼いたものがトルティーヤです。メタテとマノを使って、カカオ、トマト、トウガラシもすりつぶします。モルカヘテ（Molcajete）という溶岩のすり鉢とテホロテ（Tejolote）という短い石のすり棒は、香辛料、サルサ、グアカモレをすりつぶすのに使います。これらは先スペイン期から使われ、地方の村では、現在もなお、メキシコの台所の主役です。

メキシコ料理の基礎知識

先スペイン期から植民地前夜

　1521年、スペインはメキシコを征服。コルテスらスペイン人がメキシコにやってきた時、アステカ首都テノチティトランの人口は約20万人と推定されています。

　アステカ最後の皇帝モクテスマの食卓には毎夜、30品もの様々な料理が並べられ、黄金のカップに注いだショコラトルを50杯も飲むなど、豊かな食生活を送っていたことが記録されています。ちなみに、外国人旅行者がメキシコ料理を食べてお腹を壊すと、このスペインに自国を征服された皇帝にちなんで「モクテスマの復讐」と呼ぶ冗談があります。

　また、チナンパで栽培されていたトウモロコシやサツマイモ、落花生などの作物で作られた料理はもちろん、七面鳥やキジ、鹿の肉など300種類以上の料理が皇帝の食卓にのぼっていたそうです。メキシコ伝統料理の特徴のひとつに「動くものは全て食糧源に」がありますが、竜舌蘭の根につく芋虫やバッタなどの昆虫、トカゲ、イグアナまで多彩な動物群が食材として利用され、特に地方では、今日でも郷土料理として継承されています。

ヨーロッパの食文化の影響と融合

　メキシコがスペインに植民地化されたことで、スペインに新大陸の食材が渡り、スペインからメキシコへは米、小麦、タマネギ、ニンニク、オリーブ、レモン、牛、豚、羊、ヤギなどが入ってきました。また、家畜の肉のほか、乳製品、ラードがメキシコ料理に取り入れられるようになりました。

　さらにアステカ時代は鉄器がなかったので、土鍋で煮るか蒸す調理が中心でしたが、油で揚げるという調理法が加わることになりました。

　1574年にはメキシコ北部コアウィラ州の砂漠のオアシスに自生する野生のブドウでワインが造られるようになり、1597年にはアメリカ大陸最古にして世界で6番目のワイナリーが誕生しています。

　17、18世紀の植民地時代、メキシコ料理は修道女達によってさらなる発展をみせます。

　さらに、1864年から1867年にかけてオーストリア皇帝の弟マクシミリアーノがメキシコ皇帝となったため、その妻カルロッタが連れてきた料理人たちが、ヨーロッパ風に改装されたチャプルテペック城での毎晩の晩餐会のため、土着の食材にフランス料理のテクニックを組み合わせた料理を創り出しました。この時にオーストリア、フランス、イタリアなどのヨーロッパ料理の影響も大きく受け、様々な新しい伝統料理が誕生したといえます。

タバスコ州の荘園にて。スペイン植民地時代の様子を再現。

スペインの支配があっても、それまでの食文化を守り続けていた。

ハリスコ州、ラゴス・デ・モレーノ（Lagos de Moreno）村の牧場の朝食前の食卓。メキシコの伝統的なスタイルとヨーロッパのスタイルが融合している。

メキシコ独立から革命まで

1821年、約300年に渡るスペインの植民地支配からメキシコは独立します。そして1836年にテキサス地方が、メキシコからの独立を宣言。その後、1845年にテキサス共和国はアメリカに併合されます。1846〜1848年米墨戦争が勃発。その結果、アメリカにカリフォルニアなどを割譲し、メキシコは国土の3分の1を失いました。その後も人の移動が絶えなかったため、現在のテクス・メクス料理とメキシコ北部の食文化には、多くの共通点が見られるのです。

1910年にはメキシコ革命が始まり、アシエンダ（荘園）制度（P73）の解体や農地改革を経て、また、交通網の発達により、各地域の料理がメキシコ全土で食べられるようになったこともあり、相互に良い影響を与えながら今日まで発展してきたといえます。

スターシェフの登場と現在のメキシコ料理

21世紀に入ると、イギリスの『Restaurant』誌が発表する「世界のレストラン・ベスト50」の常連で、「ラテンアメリカのベストレストラン50」でも上位に入るモダン・メキシコ料理レストラン「プジョール（Pujol）」のシェフであるエンリケ・オルベラ（Enrique Olvera）を始め、様々なスターシェフが登場し、モダンなメキシコ料理を提案しています。都市部では、メキシコならではの食材や伝統的なレシピを守りながらも、独自の創意工夫を凝らした料理を楽しむことができます。

一方で、先住民が暮らす村々や各家庭では伝統的な味を守り、継承され続けているのもメキシコ料理の魅力のひとつといえます。また、都市部を中心に、オーガニックフードが注目されたり、伝統的なメキシコ料理へ回帰する動きや健康的な料理、スローフードを尊重する動きも出ています。

メキシコ市・ローマ地区にあるオアハカ州サポテコ族の料理をモダンにアレンジして提供するレストラン「ユバン（Yuban）」の一皿。

ユバンでは食材もオアハカ州直送のものを使用し、食器やテーブルウエアもオアハカの手工芸品を使用している。

Text: Kataoka Kyoko, Shida Mie, Photo: Koitani Yoshihiro, Shida Mie

メキシコ料理の代表的な食材

ここでは、メキシコ料理に欠かせない食材を紹介します。ここに挙げた以外にも、タマネギ、ニンニク、ライム、香草のコリアンダーやエパソテは風味や香り付けに重要です。その他の食材については巻末の図鑑を参照してください。

サツマイモやトゲ付きのチャヨーテなどの農産物。

トウガラシ
チレ
Chile

先住民族のナワトル語でトウガラシを意味するチルを語源としています。あまり辛くないものから激辛のもの、大きさも色も形も様々なチレがあります。保存が利くように乾燥させたり、乾燥させたものをさらに燻製にする、酢漬けにする、オイルに漬けるなどの保存方法があり、それらの処理によって味わいを深め、辛さだけでなく、生とは違った豊かな風味が増します。また、トウガラシに含まれるカプサイシンは、脂肪の燃焼を促進し、蓄積を防ぐ効果があります。

インゲン豆
フリホール
Frijol

メキシコでよく料理に使われるのはインゲン豆です。インゲン豆を塩で煮たフリホールは、メキシコのみならずラテンアメリカ全域でよく食べられています。塩味の煮こみをフリホーレス・デ・オジャ（P149参照）、ペースト状にしたものをフリホーレス・レフリートス（P149参照）と呼びます。そのまま食べても美味しいですが、トルティーヤで包んだり、揚げたトルティーヤに塗ったり、様々な料理に用いられます。

トウモロコシ
マイス
Maíz

メキシコの主食。トウモロコシは通常、インゲン豆と一緒に栽培されます。トウモロコシがインゲン豆のつるの支柱となり、インゲン豆の根につく根粒菌が畑に栄養を与えます。トルティーヤは、石灰を加えて煮たトウモロコシを一晩おいてから薄皮を取り去った粒をつぶし、マサという生地にまとめ、薄く丸くのばして焼いたものですが、様々な料理のベースにも使われています。また、ウイトラコチェ（Huitlacoche）という黒穂病にかかったトウモロコシは、メキシコのトリュフと呼ばれる珍味です。

トマト
ヒトマテ
Jitomate

トマトの元祖は現在のミニトマトに近い形で、沢山の小さな実をつけたチェリータイプ。南米アンデスの高原地域が原産ですが、毒があって食べられないと考えられていて、その野生種が人や鳥によってメキシコに渡り、食用に改良されました。その後、スペイン人がメキシコからヨーロッパに持ち帰り、各地域に広まりました。今やトマト抜きのイタリア料理は想像もできないほどに浸透していることを考えると、世界の料理に与えた影響は非常に大きいといえるでしょう。

14

アボカド
アグアカテ
Aguacate

メキシコ原産で、先住民族のナワトル語のアワカトルが語源です。グアカモレというディップにするほか、薄切りしたものをタコスやポソレ、魚介のカクテルにのせたり、メキシコのサンドイッチ、トルタ（Torta）にはさんだりとメキシコ料理に多用されます。日本によく入っているのはハス種ですが、皮ごと食べられる品種のものなど、多様な種類が存在します。

クズイモ
ヒカマ
Jícama

メキシコ原産の根菜で、皮をむいて薄切りにして、塩やレモン汁、チリパウダーをかけ、生のまま食べたり、サラダなどに使います。

緑トマト
トマティージョ
Tomatillo

通称緑トマト（トマテ・ベルデ／Tomate Verde）とも呼ばれますが、熟れる前の若いトマトどころか、実はトマトの一種でもありません。ホオズキ属で、ナス科、和名はオオブドウホオズキです。サルサ作りに欠かせない食材です。

カボチャ
カラバサ
Calabaza

ヒョウタン科のカボチャはオアハカ盆地で前8000年頃のものが見つかっています。古代アステカ、マヤの時代からカボチャの種を食べるという食文化がありました。原産のカボチャは、日本のカボチャとは違って実が硬く、主に種を食用とし、皮を食器や貯蔵の容器として使っていました。ズッキーニの花も食材として利用されています。

ウチワサボテン
ノパル
Nopal

葉を食用とし、ビタミン、ミネラル、食物繊維が豊富です。メカブのような食感でクセがなく、サラダやタコスにして食べられることが多いです。焼いたり、茹でたり、揚げたりしても美味しく食べられます。解熱作用、整腸作用、便秘解消、糖尿病予防、免疫を高めるなど、様々な効用があることがわかっています。また、ウチワサボテンの果実、トゥナ（Tuna）は、皮をむいて食べたり、ジュースにします。

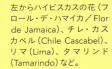

左からハイビスカスの花（フロール・デ・ハマイカ／Flor de Jamaica）、チレ・カスカベル（Chile Cascabel）、リマ（Lima）、タマリンド（Tamarindo）など。

Text: Kataoka Kyoko, Shida Mie, Photo: Koitani Yoshihiro, Tezuka Eiichi, Haga Yuko, Shida Mie

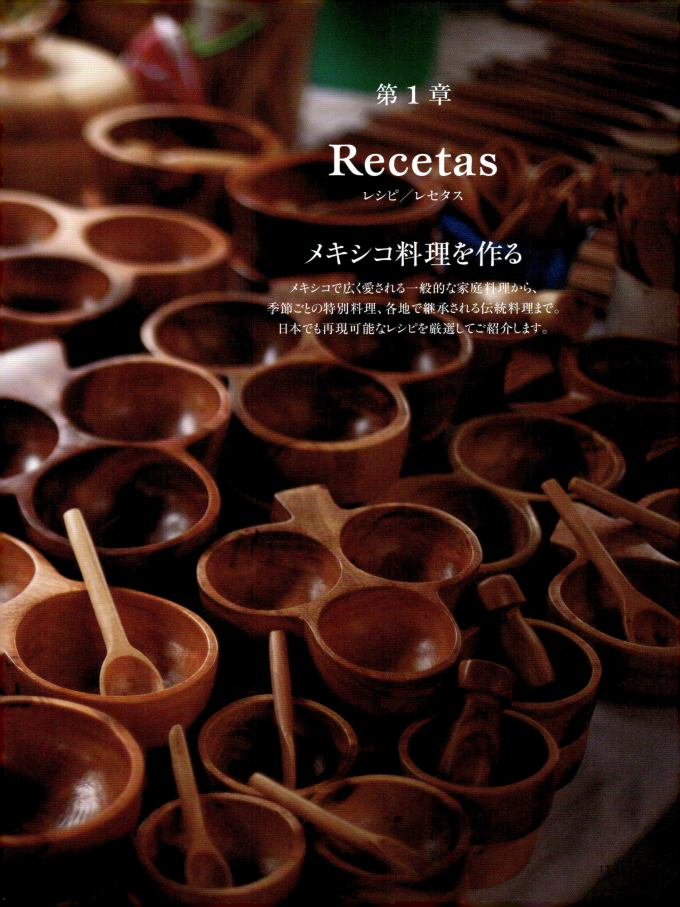

第 1 章

Recetas
レシピ／レセタス

メキシコ料理を作る

メキシコで広く愛される一般的な家庭料理から、
季節ごとの特別料理、各地で継承される伝統料理まで。
日本でも再現可能なレシピを厳選してご紹介します。

Recetas

1

ソース

SALSAS

サルサス

サルサとは、料理に使われる液状の調味料の総称で、主にソースのこと。メキシコ料理に使われるサルサの種類は豊富で、さらに同じソースであってもレシピや調理法は各家庭や料理人、地域によって千差万別。しかし、メキシコ料理の味付けはサルサで決まることも多く、サルサなしにはメキシコ料理は成り立たないのは共通しています。

サルサのベースにある辛さのもとは、トウガラシ（チレ／Chile）です。辛さの段階や風味、旨味、大きさが違う様々なトウガラシに、トマトや緑トマト、コリアンダー、タマネギ、ライムなどを組み合わせてサルサを作ります。スーパーマーケットなどの食材店にでき合いのものも売られていますが、メキシコでは、モルカヘテ（Molcajete）と呼ばれる古代から伝わる石臼状のすり鉢とテホロテ（Tejolote）というすりこぎを今なお使うことも多く、ミキサーも使用しながらも手作りし、新鮮なサルサを用意しておくのが一般的です。

またメキシコでは、怒りながらサルサを作るとより辛く仕上がるといわれています。サルサが辛過ぎると「怒っていたのか？」と聞くのが、食卓での定番ジョークです。

この章では、主にテーブルソース（サルサ・デ・メサ／Salsa de Mesa）として使う一般的なサルサを9点紹介します。特に「サルサ・ベルデ」や「サルサ・メヒカーナ」は、必ずといってもいいほど、食事の度に出されるサルサです。料理中に使うサルサのレシピは、それぞれの料理ページで紹介します。

1

2

3

4

5

6

1. レストランや屋台のテーブルには赤と緑など常に2、3種類のサルサが並び、各自が好みで選べるようになっている。2. 定番の緑のソース。屋台ではボウルなどになみなみと用意されている。3. タマネギとコリアンダーのみじん切り、半分に切ったライムの容器と一緒にテーブルに置かれることも多い。4. チアパス州のスープ専門レストランのテーブルソース。地域や店によっても定番ソースの種類が随分異なる。5. 作り置きが不向きなグアカモレは料理と一緒に盛り付けて提供されることが多い。6. テーブルに置かれる市販の瓶の定番ソースはオレンジ色のサルサ・バレンティーナ（Salsa Valentina）が若い人を中心に人気。

料理用ソースのレシピ

→スパイシーアリオリソース（P45）
→サルサ・ロハ（P51）
→サルサ・ベルデ（P53）
→エンチラーダソース（P54）
→チルトマテソース（P85）
→トマトソース（P91）
→ベラクルスソース（P123）
→モレ（P36～143）
→サルサ・ランチェラ（P153）

トウガラシ
CHILES
チレス

メキシコ原産のトウガラシ（チレ／Chile）で代表的なものを紹介します。生で使うもの（日本では缶詰や酢漬けで手に入る）と、乾燥させたものがあり、どちらもメキシコ料理の味付けに欠かせません。旨味を引き出す出汁をとるために使ったり、野菜のようにそのまま料理して食べたりもします。

★★★★★ 辛さの目安

チレ・ハラペーニョ
生 ★★★★
Chile Jalapeño

メキシコを代表するトウガラシ。原産はベラクルス州ハラパ。酢漬けや缶詰でもよく使用される。熟すと赤くなる。

チレ・チポトレ
乾燥 ★★★★
Chile Chipotle

熟したチレ・ハラペーニョを乾燥させ燻製にしたもの。独特の風味があり、辛味が強く、缶詰でもよく使われる。

チレ・アバネロ
生 ★★★★★
Chile Habanero

小さな黄緑色のトウガラシ。熟すと黄、オレンジ、赤色に。ユカタン半島原産で、ハバネロの名で知られる激辛のチレ。

チレ・セラーノ
生 ★★★★
Chile Serrano

メキシコでは煮込み料理の味付けや薬味として欠かせないトウガラシ。酢漬けでも使われ、赤いものもある。

チレ・グアヒーヨ
乾燥 ★
Chile Guajillo

つるりとした赤いチレで、香りが高く、昆布のような旨味が出る。ウアヒーヨ（ジョ）、ワヒーヨなどとも呼ばれる。

チレ・ポブラーノ
生 ★★
Chile Poblano

辛さにばらつきがあり、中には辛くないものもある。肉詰めや炒めものなど野菜として使われる。熟すと色が濃くなる。

チレ・コステーニョ
乾燥 ★★★★
Chile Costeño

チレ・グアヒーヨの仲間。オアハカ州沿岸で使われる真っ赤なトウガラシですごく辛い。

チレ・パシージャ
乾燥 ★
Chile Pasilla

チレ・チラカ（Chile Chilaca）を乾燥させたもの。海苔のような旨味が特徴のトウガラシ。

チレ・モリータ
乾燥 ★★★★
Chile Morita

燻製にした小さなトウガラシ。辛さが強く、チレ・モラ（Chile Mora）とも呼ばれる。

チレ・グエロ
生 ★★★
Chile Güero

薄い色のトウガラシで、グリルで焼いて食べたり、酢漬けに使われたりする。

チレ・ムラート
乾燥 ★
Chile Mulato

チレ・ポブラーノを乾燥させた香りが高く、甘くて味の良いトウガラシ。

チレ・アンチョ
乾燥 ★
Chile Ancho

熟したチレ・ポブラーノを天日で干した赤黒いトウガラシ。プラムのようなマイルドな辛さで、赤みもあり、出汁用に最適。

チレ・デ・アルボル
乾燥 ★★★★
Chile de Árbol

赤く小さなトウガラシ。日本の鷹の爪に似ているが、香りが強く、辛さも強烈。

その他のチレ

チレ・カスカベル
乾燥 ★★★★
Chile Cascabel

牛の首に下げる鈴に似たチレ。辛味が強く、煮込み料理などに。

チレ・マンサノ
★★★
Chile Manzano

リンゴに似た形をしているトウガラシで、生で使う。

チレ・ピキン
★★★★
Chile Piquín

1cmに満たない一番小さなトウガラシ。小さくても激辛。

乾燥チレの処理

煎る、揚げる、焼く。トウガラシの基本的な調理法を紹介します。

煎る
フライパンに入れてフライ返しで押さえ、弱火で焦げ色が付くまで乾煎りします。

揚げる
フライパンを傾け、200℃ほどに熱した油で揚げます。

焼く
焼き網にチレをのせ、焼いて焦げ色を付けます。

※トウガラシは個体差が大きいので、レシピ中ではヘタと種を取った重さを表記しています。

^a Salsa Verde
サルサ・ベルデ

緑の定番ソース

緑トマトを使った、メキシコでは定番のサルサ。酸味のある爽やかさが特徴。ケサディーヤス (P41) やタコス (P42) などのアントヒートスから、肉料理や魚介料理など様々な料理にかけて使います。

材料（約0.5ℓ分）

タマネギ …… 1/4個
ニンニク …… 1片
ピーマン …… 3個
緑トマト（缶）…… 350g
塩 …… 6g
ライムジュース …… 少々
コリアンダー …… 1枝

作り方

1. タマネギ、皮をむいたニンニク、ピーマンを180℃に熱したオーブンに入れ（または少量の油と共にフライパンに入れ蓋をする）、しんなりするまで火を通す。
2. 1と緑トマト、塩とライムジュースをミキサーにかける。全体が混ざったら味見をして塩味、酸味、水分を調節する。
3. コリアンダーをミキサーに加え、少し混ぜる。

調理のコツ

日本で手に入る缶詰の緑トマトの水煮は、生に比べ新鮮さや青臭さがないので、ピーマンで補う。ピーマンは、緑色を残すために火を通しすぎない。仕上げのコリアンダーは小さくなりすぎないよう注意。

ライムの選び方

生のライムは、季節によって苦味が強いなど、味にばらつきがある。その場合は市販のライムジュースを使用すると味が安定する。

b

Salsa Mexicana
サルサ・メヒカーナ

サルサの女王「メキシカンソース」

生の素材をみじん切りにし、混ぜ合わせたソース。トウガラシやコリアンダーの緑、タマネギの白、トマトの赤がメキシコの国旗と同じ色であることからメキシコ風サルサ（サルサ・ア・ラ・メヒカーナ／Salsa a la Mexicana）とも呼ばれています。メキシコの多くの一般家庭で愛され、様々な料理の調味料として使われます。

味付けのコツ

混ぜた直後の味はきつめに感じるが、時間が経つと野菜の水分でまろやかに。慣れないうちは少し置いてからの味見がおすすめ。日本のトマトはちょっと味が薄いので、味に奥行きを出すためにホールトマトを入れているが絶対、必要というわけではなく、生のトマト1個でも代用できる。

材料（約1.5ℓ分）
トマト …… 6個（約1kg）
タマネギ …… 大1個（約300g）
ホールトマト（缶）
…… 3個（実のみ）
チレ・ハラペーニョ
（酢漬け）…… 2本
コリアンダー …… 1枝
塩 …… 8g
ライムジュース …… 10㎖

作り方
1 トマトは8mm角、タマネギは5mm角の粗みじん切りにする。
2 ホールトマトとチレ・ハラペーニョは小さめのみじん切りに、コリアンダーは粗めに切る。
3 塩、ライムジュース以外の材料を全て混ぜ合わせる。塩、ライムジュースは味を見ながら調節する。

c

Salsa Guajillo
サルサ・グアヒーヨ

旨味たっぷりのローストソース

旨味の強いチレ・グアヒーヨを使った、香ばしい苦味が特徴のサルサ。クセになるその味わいは、タコスと相性抜群のサルサとして愛されています。

材料（約1.1ℓ分）
チレ・グアヒーヨ …… 45g
完熟トマト …… 6個（約1kg）
ニンニク …… 1株
塩 …… 15g〜
サラダ油 …… 15㎖

作り方
1 200℃に熱したオーブンでトマトと皮の付いたニンニクを丸ごとローストする。
2 チレ・グアヒーヨはヘタを取り、ハサミで縦に切り開いて種を取り除き、焼き網の上で焦げ目が付くまで焼く。
3 1と2を合わせ、塩を足してミキサーでピュレ状にする。
4 鍋に油を熱し、3を入れて沸騰させる。
5 味見をして塩味を、かたさを見て水の分量を調節する。

乾燥チレの処理

チレは屋外で乾燥させるので埃に注意。少し湿らしたタオルで拭いてから使う。ヘタは包丁で切り落としても、手でちぎってもOK。

Salsa Verde / Salsa Mexicana / Salsa Guajillo

Recetas

a Salsa Borracha
サルサ・ボラーチャ

酔っぱらい ソース

アルコールが入っていることから「酔っぱらいソース」と呼ばれるイダルゴ州発祥のソース。本来はマゲイ（Maguey）という竜舌蘭の発酵酒プルケ（Pulque）を使いますが、このレシピではビールで代用します。同州の羊肉を使った名物料理、バルバコア（Barbacoa、P103参照）とも相性抜群です。

材料（約0.15ℓ分）
チレ・パシージャ …… 30g
ビール …… 100㎖
オレンジジュース …… 100㎖
水 …… 100㎖
塩 …… 8g

作り方
1. 熱したフライパンに、ヘタや種を取り除いたチレ・パシージャを入れ、香ばしくなるまで両面を数秒ずつ焼く。
2. ビール、オレンジジュース、水を鍋に入れて火にかける。沸騰したら1を入れて1/3になるまで強火のまま煮詰める。
3. 2の粗熱が取れたらミキサーにかけ、塩を加えてピュレ状にする。

b Salsa de Chile Habanero
サルサ・デ・チレ・アバネロ ※別名シュペニック／Xpenic

ユカタン風激辛ハバネロソース

ユカタン半島原産の激辛トウガラシ、ハバネロ（スペイン語の発音ではアバネロ）を使ったサルサで、ユカタン地方のレストランではほとんどのテーブルに常備されています。本来は、現地特産の酸っぱいオレンジを使いますが、オレンジジュースとライムジュースで代用します。

> **調理のコツ**
> チレ・アバネロを刻む時は、安全のためゴム手袋を。トマトは、お好みで湯むきしなくても大丈夫。

材料（約1ℓ分）
- トマト …… 4個
- 赤タマネギ …… 1個
- コリアンダー …… 2枝
- チレ・アバネロ …… 1個
- Ⓐ オレンジジュース …… 30㎖
- 　ライムジュース …… 30㎖
- 塩 …… 5g

作り方
1. トマトは湯むきして1cm角のさいの目切り、コリアンダーは粗めに刻む。赤タマネギは5mm角、チレ・アバネロは細かなみじん切りに。
2. 1にAを混ぜ合わせ、味を見ながら塩味を調節する。

c Salsa Macha
サルサ・マッチャ

黒褐色の複雑ソース

香ばしく、辛味が特徴的なソース。茹でた野菜などの淡白な味の料理やタコスなどにもよく合います。"かける"より、"食べる"ソースという感覚で、辛い料理が好きな人におすすめ。

材料（約0.5ℓ分）
- オリーブ油 …… 300㎖
- ニンニク …… 30g

＜トウガラシ類＞
- チレ・グアヒーヨ …… 12g
- チレ・パシージャ …… 12g
- チレ・モリータ …… 24g

＜ナッツ類＞
- ピーナッツ …… 15g
- アーモンド …… 15g
- ペカンナッツ …… 15g
- 白ゴマ …… 10g
- オレガノ …… 1つまみ
- 白ワインビネガー …… 45㎖
- 塩 …… 15g

作り方
1. 鍋にオリーブ油と皮をむいたニンニクを入れ中火にかける。ニンニクは色が付いたら取り出す。
2. 1を弱火にしてトウガラシ類とナッツ類を各1種類ずつ入れ、香ばしくなってきたら取り出す。
3. フライパンでゴマを炒る。
4. 2の油を冷まし、全ての材料をミキサーに入れて細かく砕く。ピュレ状にならないように注意。

> **サルサの名前**
> 本来男らしいという意味で使われる男性名詞のマッチョ（Macho）をマッチャ（Macha）と女性名詞に呼び換えている、ユーモア感覚溢れたネーミング。

Guacamole
グアカモレ

食べるソースの
アボカドディップ

古代から食されてきたメキシコの伝統料理。通称ワカモレ。先住民の言葉ナワトル語でアボカドのソースという意味です。コリアンダーやタマネギ、ニンニク、トマトのみじん切りなどを加えたり、ライムの汁を加えるのが一般的ですが、ここではアボカドそのものの味がよりわかるようにシンプルなレシピにしています。

材料（約0.2ℓ分）
アボカド …… 1個
塩 …… 適量
ライムジュース …… 適量
サルサ・メヒカーナ（P23）…… 適量

作り方
1. アボカドは中身を取り出し、泡立て器またはフォークで粗く潰す。
2. 塩とライムジュースで味を調え、飾りにサルサ・メヒカーナをのせる。

> **調理のコツ**
> アボカドの繊細な味をこわさないよう、入れるのは最小限の塩とライムだけ。味のバランスが肝心で「塩とライムの綱引き」をしながら、塩とライムを交互に少しずつ加えていく。また、できるだけ食べる直前に作ること。アボカドの味はとても変わりやすく、30分もすれば酸化して違う味になってしまう。

> **アボカドの選び方**
> アボカドは、外側が少し赤みがかった黒色で、皮に少しブツブツがあるものが、状態のよい証。おしりの部分は適度に柔らかく、ヘタの部分は柔らかすぎないものがよい。コクに乏しく、ちょっと青臭い場合は、アボカドの最高品種、ミチョアカン州のハス種を使ったアボカドオイルを数滴たらすとよい。

a Salsa de Molcajete Básica
サルサ・デ・モルカヘテ・バシカ

メキシコ古来の伝統ソース

メキシコに古くから伝わるモルカヘテ（石臼式のすり鉢）を使って作るソース。口の中に独特の食感が残る個性的なテーブルソースです。

> **調理のコツ**
> このソースは、ぶつぶつした食感が大切。あまり滑らかにしすぎないようにすり潰す。焦がしたトマトの皮は、風味と香ばしさがアクセントになって趣きのある味になるため、好みによって完全に取り去らなくてもよい。

材料（約0.4ℓ分）

Ⓐ
- トマト …… 3個
- チレ・セラーノ …… 2個
- ニンニク（皮付き）…… 1片

塩 …… 5g

作り方

1. Aをフライパンに入れ、やや強火で焦げ目が付くまで熱して取り出す。それぞれ焦がした皮を取る。
2. モルカヘテに入れ、塩を加えて叩くようにしてすり潰す。

> **モルカヘテ**
> (Molcajete)
> モルカヘテは、テホロテ(Tejolote)と呼ばれるすりこぎと共に、このサルサを作るときには欠かせない調理器具。日本のすり鉢でも代用できるが、本場の食感を再現するのは難しい。

b Salsa de Molcajete Picante
サルサ・デ・モルカヘテ・ピカンテ

辛くて複雑な味わいの伝統的なソース

スパイシーで複雑な味のサルサです。ベーシックタイプのソースでは物足りないという方には、パンチの効いたこちらがおすすめです。

> **調理のコツ**
> 材料がモルカヘテに入りきらない場合は、かたいものから順番にすり潰す。最後にボウルで混ぜ合わせ味を決める。生の緑トマトを使う場合はニンニクとタマネギと一緒にローストする。

材料（約0.2ℓ分）

Ⓐ
- チレ・モリータ …… 3個
- チレ・コステーニョ …… 2個

Ⓑ
- ニンニク（皮付き）…… 2片
- タマネギ …… 1/6個

緑トマト（缶）…… 150g
塩 …… 適量

作り方

1. Aは熱湯に10分ほど漬けふやかしておく。Bは200℃に熱したオーブンでローストする。
2. ニンニクの皮を取り、モルカヘテに入れてすり潰し、さらにタマネギとA、緑トマト、塩を加えてすり潰す。ボウルに移し塩味を調節する。

COLUMNA
メキシコ レストラン事情

都市部は外食産業が盛んで、レストランから食堂、屋台と、種類は実に様々。お酒が楽しめる場所も沢山あります。

1.2.メキシコ市のアントヒートスを提供する屋台。3.ジュースやフルーツの盛り合わせを売る露店。4.プルケ専門バー。5.カフェ。

レストラン（レスタウランテ／Restaurante）
世界ランクの一流シェフがいる名店から気軽に家庭料理を味わうお店まで、それぞれ創意工夫のあるレストランが立ち並ぶ。世界各国の料理も楽しめるが、大半はメキシコ郷土料理が専門。近年は、ファミリーレストランのようなチェーン店も登場し、人気の様子。魚介類やポソレなどスープ料理に特化したレストランも多い。

大衆居酒屋（カンティーナ／Cantina）
おつまみ（ボターナ／Botana）無料という、メキシコならではの居酒屋。昔は、煙草とお酒、賭け事と男性だけが入れるような場所だったが、女性や家族連れでも賑わうカンティーナも増えた。ほかにも、お酒を嗜む場所としてラウンジ（ロウンジ／Lounge）、バー（バル／Bar）。また、マッコリに似たプルケを専門に扱うバー（プルケリーア／Pulquería）もある。

屋台（プエスト／Puesto）
都市部には、移動式の屋台を始め、屋根や壁のない小さなスタンド、または青空市場内など毎週決まった日に出る露店が沢山ある。固定屋台は、タコスなどアントヒートスの軽食、フルーツとジュースの専門店が多い。移動式の小さな屋台は、それぞれタマーレス、トウモロコシ、ポテトチップス専門のものが一般的。

タコス屋（タケリーア／Taquería）
国民の代表食、タコスの専門店は屋台を中心に露店、スタンド、レストラン形態のものまで様々。それぞれ人気のイチ押し看板メニューがある。

トルタ屋（トルテリーア／Tortería）
トルタ（Torta）は、肉とアボカド、タマネギ、トマト、ハラペーニョの酢漬けなどを挟むメキシコ版サンドイッチ。専門店も人気。

焼き鳥屋（ロスティセリーア／Rostícería）
ポヨ・ロスティサード（Pollo Rostizado）という丸焼きにしたローストチキンの専門店。人気があり、チェーン店もあるほど。

食堂（コメドール／Comedor）
アルコールを伴わない、オールタイム安く食べられる小さなお店のこと。市場にも併設されている。

安食堂（フォンダ／Fonda）
アルコールも飲める食堂。メニューにこだわりのあるところが多く、郷土料理を揃えていることが多い。

カフェ（カフェテリーア／Cafetería）
コーヒーやお茶などのほか、サンドイッチやサラダなどの軽食が食べられる。モーニングやランチを提供する店もある。

軽食堂（ロンチェリーア／Lonchería）
英語のlunchが語源。軽食を食べる小さな食堂のこと。

タコスの定番メニュー

Al Pastor／アル・パストール
スパイスに漬けた豚肉を細い棒に重ね、パイナップルと一緒にあぶり焼きしたものを削ぎ切って入れる、最もポピュラーなタコスの具。

Alambre／アランブレ
細切り肉と野菜のミックス。

Bistec／ビステック
牛モモ肉を焼いたステーキ。

Arrachera／アラチェーラ
牛ハラミ。

Suadero／スアデーロ
牛の脇肉。

Carnitas／カルニータス
豚肉の煮込み（P42参照）。

Surtido／スルティード
内臓や皮など豚肉のミックス。

Barbacoa／バルバコア
蒸した羊肉。

Gringa／グリンガ
パストールとチーズ。

Sincronizada／シンクロニサーダ
小麦のトルティーヤにハムとチーズ。

Chuleta／チュレータ
ポークチョップ。

Costilla／コスティージャ
リブロース。

Longaniza／ロンガニサ
腸詰。

Chorizo／チョリソ
辛い腸詰。

Campechano／カンペチャーノ
腸詰とハム。

Lengua／レングア
タン。

Tripa／トリパ
ハチノス。

Guisado／ギサード
モツ煮込み。

Buche／ブチェ
胃。

Oreja／オレハ
豚の耳。

魅惑のタコス屋台料理

最も愛される人気メニュー、タコス。沿岸部では魚介類、北部では肉を使うなど、様々な種類があります。トッピングは、数種類のサルサ、タマネギのみじん切り、コリアンダーなど、すべてかけ放題。屋台によっては、セボジータやポテト、ウチワサボテンなども用意されています。

1 公園などでスナックを売る移動屋台。2 エスキーテス。3 道端で営業するタコス屋台。4 夜になると現れるトウモロコシ専門の屋台。

スナック料理

Elotes／エローテス
丸ごと茹でたトウモロコシを棒に刺したもの。マヨネーズや「タヒン」のチリパウダーをかけて食べる。

Esquites／エスキーテス
トウモロコシの粒をそぎ落として煮たシンプルな軽食。先住民族のナワトル語のイスキトルが語源。

Hamburguesa／アンブルゲッサ
その場で焼いてくれるハンバーガー。ホットドッグなども人気。

Papitas／パピータス
ポテトチップス。市販のサルサ・バレンティーナをかけて食べるのが定番。

Pambazo／パンバソ
サルサにひたしたパンに、ジャガイモやチョリソ、レタスなどを挟む。

Text & Photo: Shida Mie, Photo:（P28 1-3）Koitani Yoshihiro

Recetas

2

アントヒートス

ANTOJITOS

乾 　燥させたトウモロコシをすり潰して作った生地「マサ」を使って料理する軽食を総称してアントヒートスと呼びます。「食べたくなるもの」というような意味で、ストリートフードとして屋台で売られることが多いですが、レストランで出されれば、アペタイザーやオードブル、ものによってはメイン料理にもなります。

　マサを円盤状に伸ばして焼けば、甘く香ばしい香りがするトルティーヤに。食感は、もちもち、ふかふか。メキシコでは主食となり、食卓には欠かせないものです。このトルティーヤを揚げればトスターダス。具をのせればタコス。サルサで煮るとエンチラーダスになります。また、マサを蒸せばタマーレス、縁を盛り上げて分厚く焼けばソペス、具を入れて二つ折りにして焼く、揚げるなどすれば、ケサディーヤスになります。

　ちなみに、タコスは複数形で1つだとタコ（Taco）となり、親しみを込めてタキートス（Taquitos）と呼ばれる場合もあります。タマーレスも1つだとタマール、タマリートスとなるように、こちらで出てくるメニューは、多くの呼び方を持ちます。

　楕円形の大きなタコスで、その形状から「草履」という意味の名前を持つメキシコ版おやき（ワラーチェス／Huaraches）も人気です。また、トラコーヨス（Tlacoyos）は、メキシコに数多くあるアントヒートスの中でも歴史的に最も古いもので、アステカ帝国征服直後にスペインから来たフランシスコ会の修道士ベルナルディーノ・デ・サアグンが記録した『ヌエバ・エスパーニャ諸事物慨史』に、現在のメキシコ市北部にあるトラルテロルコの市場で、このトラコーヨスが売られていた、という記述が残されています。

1

2

3

4

5

6

7

1. ワインに合わせた小さめのソペス。2. 具が山盛りのトスターダ。3. フラウタス。4. チーズをのせたスイス風。チラキーレス・スイソス (Chilaquiles Suizos)。5. 豚の皮のタコス、チチャロン・プレンサード (Taco de Chicharrón Prensado)。6. 北方ではタコスでも小麦粉のトルティーヤを使用する。7. セビーチェのタコス。

焼く →トルティーヤ（P33）
　　　→具をのせる→タコス（P42）
　　　→揚げる→トスターダス（P46）
　　　→煮る→エンチラーダス（P53）
蒸す →タマーレス（P35）
焼いてから揚げる →ソペス（P39）
揚げる／焼く →ケサディーヤス（P41）

31

トルティーヤ・デ・マイス

トルティーヤの調理技術

1.そぼろ状になるように指を立てて混ぜる。2.手の甲でひび割れがなくなるまでしっかりこねる。3.基準は耳たぶくらいの柔らかさ。4.30gほどのボール状に皺にならないように丸める。5.くっつかないように薄いビニールのシートなどで挟む。6.均等に力を加え伸ばす。7.麺棒で伸ばすのはNG。まな板などで代用可能。8.薄く均等に伸ばすことがポイント。

Tortilla de Maíz
トルティーヤ・デ・マイス

トウモロコシのトルティーヤ

白いトウモロコシ（マイス／Maíz）の粒を乾燥させ、アルカリ性の石灰水で茹でてから粉状にして乾燥させたものが、マサ粉。これに塩と水を加えてこね、薄く円形に伸ばして焼きます。小麦で作ったトルティーヤは、トルティーヤ・デ・アリーナ（Tortilla de Harina）またはトルティーヤ・デ・トリゴ（Tortilla de Trigo）と呼ばれ、主に北部で食されます（P109参照）。

材料（約23枚分）

＜トルティーヤ用マサ（黄マサ）＞
細マサ粉 …… 300g
塩 …… 3g
水 …… 400㎖

調理のコツ
マサをこねるとき、水は一度に加えないこと。少しずつ加えることによって粉の粒子に水がしっかり浸透して滑らかな生地になる。また、水の量は最後は手の感覚で微調整する。

温め方
トルティーヤは、焼きたてを食べるのが一番だが、時間が経って乾いてしまった場合、霧吹きで水を吹きかけてしっとりさせ、再度、鉄板で温める。

作り方

1. 業務用の2面ある鉄板を片面を220℃、もう片面を290℃に温めておく。
2. 細マサ粉を大きいボウルに入れ、塩を加えて混ぜる。
3. 水を3、4回に分け全体にかける。最初は指を立てて混ぜる。小さな粒がたくさんできてそぼろ状になる。少しずつ水を加えていき、最後は手の甲でしっかりとこねる。（この状態を「トルティーヤ用マサ」と呼び、ほかの料理にも使う）。
4. 3を1つ約30gのボールに丸める。プレンサで直径14cmの円形に伸ばして鉄板の低温のほうに置く。30秒ほどしてトルティーヤの縁が少し浮いてきたら裏返して高温のほうに置く。
5. さらに45秒ほど置いて下の面に少し焦げ目が付いてきたらもう一度裏返す。
6. さらに30秒ほど焼く。中の水分が熱によって水蒸気になり、生地を押し上げてトルティーヤが膨らんできたら焼きあがり。直径12cmほどの大きさになる。
7. 焼きあがったトルティーヤは布に包んで蒸す。鉄板から上げたときは乾いた状態でも、布に包んで蒸らすことで柔らかくしっとりした状態になる。

タマールの調理技術

1. マサ60gを置く。2. 指で正方形に伸ばして広げる。3. 真ん中にサルサ・ベルデを置く。4. 上に細く裂いた鶏胸肉を重ねる。5. マサを畳むようにして閉じて具を包む。6. コーンハスクで包む。7. コーンハスクを細く裂いて紐状にしたもので端を閉じる。8. バナナの葉で包む場合は片方の端をもう片方の中に入れる。

Tamales

タマーレス ※単数形はタマール／Tamal

メキシコ風ちまき

古代から伝来する料理で、紀元前5〜8千年から食べ続けられているといわれています。狩人や旅人、軍人が持ち運ぶ携帯食でしたが、やがて庶民から貴族にまで愛されるメキシコのソウルフードとなりました。語源は、「包んだもの」というナワトル語のタマーリ（Tamalli）に由来します。タマーレス専門店もあり、イチゴなど甘いものや辛いものまで、実に様々な種類があります。タマーレス専用蒸し器があり、数多く入るように立てて蒸せるようになっています。

材料（12個分）

＜タマール用マサ＞	
粗マサ粉 …… 300g	BP …… 3g
塩 …… 3g	水 …… 300㎖
	ラード …… 140g

作り方（タマール用マサ）

1. 粗マサ粉に塩とBPを加えて混ぜ、水を少しずつ加えてこねる。
2. ラードは室温にして柔らかくしてから泡立て器でポマード状になるまで練る。
3. 1に2を加えて手でよく混ぜてこねる。

自家製ラード

モレやタマーレスを作るときに欠かせないラード。自家製だと味わいが格段に良い。作り方は平鍋に2cm角に切った背脂1kgと水200㎖を入れて180℃に熱したオーブンで約1時間加熱する。途中、焦げ付かないように何度か混ぜる。脂が黄金色になり塊が約半分の大きさになったら取り出して濾す。仕上がり量は約750㎖。

ウチェポス／Uchepos

ミチョアカン風フレッシュトウモロコシのちまき。採れたてのトウモロコシに少量の生クリームとバターを加えて作ったタマーレス。風光明媚な土地として知られるミチョアカン州に昔から受け継がれる名物料理。

タマーレスの魅力

タマーレスの中に入れる具は、チレ・ポブラーノという大きなトウガラシのスライス（ラハス／Rajas）とチーズ、鶏肉とモレ、などが一般的。

メキシコ版「ちまき」といった形状なので、旅行中などの携帯にも便利。朝の軽食や夜食としても人気で、夜は呼び声をかけながら、あちこちにタマール売りが現れる。

ちなみに、メキシコ以外のラテンアメリカの国でも、よく食べられている。大衆的な食べ物なので、多くの歌にもなっていて、キューバ音楽のチャチャチャの名曲、オルケストラ・アラゴンの"Los Tamalitos de Olga"やアフロペルーのクラシック、アンドレス・ソトの"El Tamalito"などは有名。

タマーレスの生地はトルティーヤに使うきめの細かいマサではなく、粗めのマサを使うことで、蒸しパンのような独特の食感になる。しっとりとした質感とリッチな風味を出してくれるのは自家製ラード。この豚のラードを泡立て器でふわふわにして空気を充分に含ませてからマサの生地に混ぜ込んで蒸すと、ふっくらとした食感の香り豊かな生地になる。

タマーレス・デ・ポヨ／タマーレス・デ・セルド

a Tamales de Pollo
タマーレス・デ・ポヨ

鶏肉のタマーレス

メキシコ中央部から北部にかけては、トウモロコシの皮（コーンハスク）で包むのが一般的です。ミチョアカン州では、トウモロコシの皮ではなく、葉を使って三角形に作る「コランダ」と呼ばれるものもあります。

材料（12個分）
タマール用マサ
(P35) …… 720g
鶏胸肉 (P60) …… 180g
サルサ・ベルデ (P53) … 120g
コーンハスク …… 12枚

作り方（P34参照）
1. コーンハスクはお湯に浸して柔らかくしておく。
2. 1の水気を取りマサ60gを置く。指で正方形に伸ばして中央にサルサ・ベルデ10gを置く。その上に茹でて細く裂いた鶏胸肉15gを置く。
3. マサを畳むようにして閉じ、具を包む。水を切ったコーンハスクで包む。端を紐状のもので閉じる。
4. 3を蒸し器で約1時間蒸す。

b Tamales de Cerdo
タマーレス・デ・セルド

豚肉のタマーレス

チレ・グアヒーヨを入れて柔らかく煮た豚肉を詰めたタマーレスです。中には豚肩ロース肉を詰めます。このレシピでは南部でよく用いられるバナナの葉で巻いて蒸し器で蒸し、しっとりとした食感を楽しみます。

材料（12個分）
タマール用マサ
(P35) …… 720g
豚肩ロース …… 250g
チレ・グアヒーヨ …… 8g
トマト …… 1個
ニンニク …… 1片
塩 …… 2g
バナナの葉 …… 適量

作り方
1. チレ・グアヒーヨは熱したフライパンで両面を軽く焼く。トマトとニンニクは丸ごと200℃に熱したオーブンで焼く。
2. 1をミキサーにかけてピュレ状にする。
3. 豚肩ロースは3cm角に切り、2と共に鍋に入れて塩とひたひたの水を加えて柔らかくなるまで煮る。水分がほぼなくなるまで煮てから冷まして細く裂く。
4. バナナの葉を15×20cmくらいの大きさに切り、火にかざして炙り、柔らかくする。
5. 4にマサ60gをのせ正方形に伸ばす。真ん中に3を置いて閉じ、バナナの葉で包む。
6. 5を蒸し器で約1時間蒸す。

ソペス

Sopes

ソペス

小さなメキシカン・カナッペ

ソペスは、マサで作ったパイケースに具をたっぷりのせた料理です。屋台料理で食べるスナックとしても、ワインと合わせる前菜としても人気です。のせる具には豊富な種類があり、例えばチョリソとポテト、あるいは豆とサルサだけのシンプルなものでも美味しい。外はカリっと、中はモチっとした食感が特徴です。

材料（15個分）

＜ソペス用マサ＞
粗マサ粉 …… 300g
薄力粉 …… 30g
塩 …… 3g
BP …… 3g
水 …… 290㎖

＜具＞ …… 各適量
豆ペースト（P149）
レタス
鶏胸肉（P60）
サルサ・メヒカーナ（P23）
カッテージチーズ
コリアンダー

作り方

① 粗マサ粉を大きいボウルに入れ、薄力粉、BP、塩を加えて混ぜる。

② 少しずつ水を加えて、手の甲で押すようにしてしっかりこねる（この状態を「ソペス用マサ」と呼び、ほかの料理にも使う）。

③ 2を20〜30分寝かせた後、40gのボール状にし、プレンサで直径9cmの円形に伸ばす。

④ 3を鉄板で両面を軽く焼いてから、熱いので冷たいタオルなどで指を冷やしながら縁をつまんで上げ、小さなパイケースの形にする。

⑤ 4をさらに鉄板で軽く焦げ目が付くまで焼き固めて水分を飛ばし、180℃の油（分量外）で表面がサクッとなるまで揚げる。

⑥ ペーパータオルで5の油を切って、豆ペースト、千切りにしたレタス、茹でて裂いた鶏胸肉、サルサ・メヒカーナ、カッテージチーズ、コリアンダーを順番にのせる。

調理のコツ

この料理は食感が大切。ソペス用のマサは粒の粗いマサを使い、少量の小麦粉とベーキングパウダーを入れると、モチモチの食感が楽しめる。外側はサクッとしながらも内側はモチっと仕上げるために焼き加減、揚げ加減に注意する。チーズはフェタチーズを塩抜きして使ってもよい。

バリエーション

地方によって呼び方が変わる。オアハカ州ではメメラス（Memelas）、ベラクルス州の南東部ではピカディートス（Picaditos）、プエブラ州では細長いチャルーパス（Chalupas）、ユカタン州では縁を上げないサルブーテス（Salbutes）。またメキシコ市では楕円形のものをワラーチェス（Huaraches）と呼ぶ。

ケサディーヤス・デ・コマル／ケサディーヤス・フリータス

Quesadillas de Comal

ケサディーヤス・デ・コマル ※単数形はケサディーヤ／Quesadilla

チーズの包み焼き

チーズを意味するケソ（Queso）とトルティーヤが合わさってケサディーヤとなりますが、チーズが入っていなくても、トルティーヤに具を挟み、二つ折りにして焼いたものはケサディーヤと呼ばれています。朝食や夜食によく食べられる軽食で、メキシコではコマルで焼きます。北部では小麦のトルティーヤを使うのが一般的です。

中の具
こちらではズッキーニの花を入れたが、アントヒートスの中で最も自由にアレンジが利く。中に入れる具はバリエーションが多い。ポピュラーなものは、チョリソ、キノコ、エビなど。メキシコではウイトラコチェ、ラハス、エパソテなども定番。

材料（2個分）

トルティーヤ用マサ（P33）…… 80g
ズッキーニの花 …… 2つ
モンテレイジャックチーズ
グアカモレ（P26）…… 適量
サルサ・メヒカーナ（P23）…… 適量

作り方

1. トルティーヤ用マサを40gのボールにしてプレンサで直径13cmの円形に伸ばす。
2. 1の片側にチーズとズッキーニの花を置いて二つに折り、鉄板にのせる。
3. 両面を焼く。中のチーズが溶けてズッキーニの花に火が通ったら皿に移す。
4. グアカモレとサルサ・メヒカーナを添える。

Quesadillas Fritas

ケサディーヤス・フリータス

チーズの包み揚げ

溶けたチーズと揚げたトウモロコシの香りだけで充分に美味しいですが、中に具を詰めてもOK。チーズは塩味が強くないマイルドタイプがおすすめです。このレシピではモンテレイジャックというアメリカのチーズを使用しています。

材料（2個分）

ソペス用マサ（P39）…… 80g
モンテレイジャックチーズ …… 適量
グアカモレ（P26）…… 適量
サルサ・メヒカーナ（P23）…… 適量
揚げ油 …… 適量

作り方

1. ソペス用マサを40gのボールにして2枚のビニールに挟み、プレンサで直径13cmの円形に伸ばす。
2. 上のビニールを取って、伸ばしたマサの中央にチーズを置き、ビニールごと半分に折り、縁を重ねて閉じる。
3. 180℃の油で外側がさくっとして中のチーズが溶けるまで揚げる。
4. ペーパータオルで3の油を切って皿に盛り、グアカモレとサルサ・メヒカーナを添える。

a # Tacos de Carnitas
タコス・デ・カルニータス

豚肉の柔らか煮のタコス

バヒオ地方の名物料理で、特にミチョアカン州で有名な、タコスの代表格ともいえる「カルニータス」のタコスです。外はカリカリでも中身は柔らかく、豚肉の旨味がぎゅっと詰まっていてとても人気があります。

材料（2個分）

カルニータス …… 70g
トルティーヤ（P33）…… 2枚
塩 …… 適量
＜トッピング＞ …… 各適量
A｜タマネギ
　｜コリアンダー
好みのサルサ

作り方

1. カルニータスを1cm角に切り、鉄板で炒めてごく軽く塩をする。
2. 温めたトルティーヤの上に1をのせ、粗みじん切りにしたAをトッピングし、サルサを添える。

カルニータス

材料（約1.2kg分）

豚肩ロース …… 2kg
塩 …… 12g
オレンジジュース …… 200㎖
クミン …… 2g

作り方

1. 豚肩ロースは5cm角に切り、直径30cmの平鍋に並べて塩を加え、手で揉みこむ。
2. 1にオレンジジュースを加えて蓋をし、その上に重しをして中弱火で約30分煮込む。
3. 中身を裏返し、また蓋をしてさらに約30分煮、クミンを加えて全体を混ぜる。
4. 肉の柔らかさを確認し、蓋をしてさらに10〜15分煮る。竹串がすっと通るくらい柔らかくなっていたら完成。

b Tacos de Chorizo y Papa
タコス・デ・チョリソ・イ・パパ

チョリソとポテトのタコス

豚の腸詰とジャガイモを合わせた定番メニューです。

材料（2個分）
チョリソ（P110）……60g
ジャガイモ……30g
トルティーヤ（P33）……2枚
<トッピング>……各適量
カッテージチーズ
コリアンダー
好みのサルサ

作り方
1. チョリソは腸から中身を出して鉄板で炒める。
2. チョリソに半分ほど火が通ったら、茹でたジャガイモを1cm角に切って加える。
3. チョリソから出た脂をジャガイモに吸わせるようにして炒める。
4. 3を温めたトルティーヤの上にのせ、カッテージチーズ、粗みじん切りにしたコリアンダーをトッピングする。
5. サルサを添える。

c Tacos de Res
タコス・デ・レス

牛肉のタコス

牛肉の旨味を味わうシンプルなタコス。部位は、リブアイやモモなど他の赤身でもよいでしょう。

材料（2個分）
牛ロース肉……80g
トルティーヤ（P33）……2枚
塩コショウ……適量
<トッピング>……各適量
タマネギ
コリアンダー
好みのサルサ

作り方
1. 牛ロース肉を1cm角に切り、鉄板で炒め、塩コショウで味を付ける。
2. 温めたトルティーヤの上に1をのせ、粗みじん切りにしたタマネギ、コリアンダーをトッピングする。
3. サルサを添える。

タコス・デ・ペスカード

Tacos de Pescado

タコス・デ・ペスカード

バハスタイルの魚のタコス

アメリカ合衆国に近い、バハ・カリフォルニア半島の海辺の町の料理。鯛、鱈、カジキマグロなどの新鮮な白身魚に衣をつけて油で揚げ、レタス（またはキャベツ）の千切りとマヨネーズ、サルサと一緒にトルティーヤで巻いて食べます。マヨネーズの代わりに、自家製のスパイシーアリオリソースを入れてみました。

材料（2個分）

白身魚 …… 60g
卵 …… 1個
冷水 …… 150㎖
薄力粉 …… 1カップ
コーン、またはフラワートルティーヤ …… 2枚
塩コショウ …… 適量
揚げ油 …… 適量
<トッピング> …… 各適量
サルサ・メヒカーナ（P23）
スパイシーアリオリソース
レタス

作り方

1. 白身魚は一切れ10gに細長く切る。軽く塩コショウして薄力粉（分量外）をまぶす。
2. 卵を溶いて冷水を加え、薄力粉を加えてさっくりと混ぜる。
3. 1を2にくぐらせて180℃に熱した油で揚げる。
4. トルティーヤを温めてレタスの千切りと3を3切れずつのせ、サルサとスパイシーアリオリソースをかける。

スパイシーアリオリソース

Salsa Alioli Picante／ **サルサ・アリオリ・ピカンテ**

材料

卵黄 …… 1個分
ニンニク …… 1/2片
塩 …… 1g
サラダ油 …… 150㎖
お湯 …… 10㎖
赤ワインビネガー …… 10㎖
ハバネロなどのホットソース（市販のもの）…… 少々

作り方

1. 卵黄にニンニクをすりおろして加え、塩を加えてかき混ぜる。
2. 塩が溶けたら、かき混ぜながら油を少しずつ加えて乳化させる。
3. 2にお湯と赤ワインビネガーを入れて混ぜ、最後にホットソースを加えて味を調節する。

スパイシーアリオリソース

アリオリソースは、ニンニクと卵黄、オリーブ油を乳化させて作るスペインのソース。このレシピではサラダ油に激辛だが香りの高いホットソースを加え、刺激的なメキシコ風タルタルソースといった趣きにした。淡白な白身魚のフライによく合う。魚も刺身で使えるくらい新鮮なものを使うと美味しいタコスができる。

Tostadas
トスターダス

トルティーヤのカナッペ

トルティーヤをパリッと油で揚げ、上にいろんな具をのせたものです。のせる具の定番はほかにセビーチェ（P119参照）などがあります。屋台などで食べる軽食ですが、おつまみや付け合わせ、前菜としても親しまれています。

材料（2個分）
- トルティーヤ（P33）……2枚
- ティンガ・デ・ポヨ……30g

（以下各適量）
- 豆ペースト（P149）
- A｜アボカド／カッテージチーズ／コリアンダー
- 揚げ油

作り方
1. トルティーヤは膨らまないように竹串などで数か所小さな穴を開ける。180℃の油でなるべく平たくなるようにしながら、クリスピーになるまで揚げる。
2. 1の油をペーパータオルで切って豆ペーストを塗り、ティンガ・デ・ポヨをのせる。
3. 7〜8mm幅に切ったAをトッピングする。

ティンガ・デ・ポヨ／Tinga de Pollo

タコスやトスターダスなど、いろいろなアントヒートスに使われる。チポトレペーストを少し入れてもよい。作り方は鍋にサルサ・ロハ（P51参照）140 mlと鶏スープ（P60参照）70 mlを入れて熱し、茹でて細く裂いた鶏胸肉（P60参照）200gを入れて中火で煮、汁気がほぼなくなったら火を止める。

> **調理のコツ**
> トルティーヤはできれば直径12cmくらいに小さく焼く。既製品でもよい。

Flautas
フラウタス

油で揚げた
ロールタコス

フルート(フラウタ/Flauta)のように細長く巻いていることからこの名前が付いています。メキシコ市などでは、黄金色のタコスの意味のタコス・ドラードス(Tacos Dorados)とも呼ばれています。

材料(3個分)

トルティーヤ(P33) …… 3枚
鶏胸肉(P60) …… 75g
(以下各適量)
揚げ油
レタス
グアカモレ(P26)
サワークリーム
牛乳
サルサ・メヒカーナ(P23)

作り方

① 鉄板の上でトルティーヤの水分を飛ばす(両面)。
② 1の端を少し切り取り、そこを手前にして中央やや手前に茹でて細く裂いた鶏胸肉を棒状に置く。
③ 2を手前から巻いて筒状にし、端を2か所竹串で留める。
④ 3を180℃の油で揚げ、ペーパータオルで油を切る。
⑤ 千切りにしたレタスを敷き、4を盛り付けて、メキシコ国旗の色の順にグアカモレ、1/4量の牛乳で薄めたサワークリーム、サルサ・メヒカーナをかける。

> **調理のコツ**
> このレシピでは焼きたてではなく、ちょっと時間の経ったトルティーヤか、既製品のトルティーヤを使う方がよいでしょう。

Panuchos
パヌーチョス

ユカタン風スナック

ユカタン地方名物のアントヒートスのひとつ。トルティーヤを熱い鉄板で膨らませて水平に切り込みを入れ、ポケット状にしてから豆ペーストを詰め、油で揚げてパリっとさせます。

材料（3個分）

トルティーヤ用マサ（P33）…… 75g
豆ペースト（P149）…… 適量
揚げ油 …… 適量
<トッピング> …… 各適量

A｜ポヨ・ピビル
　｜赤タマネギのピクルス（P85）
　｜フェタチーズ
　｜コリアンダー

作り方

1. トルティーヤ用マサを25gのボールにしてプレンサで直径12cmの円形に伸ばす。
2. 1を鉄板で焼く。2度目に裏返したときにスパテラで軽く押さえる（生地が膨らみやすくなる）。
3. 2が膨らんだら取り出し、膨らみに水平に切り込みを入れてポケット状にする。
4. 3のポケットに豆ペーストを詰めて、180℃の油で揚げる。
5. 4の油をペーパータオルで切り、Aをのせる。

調理のコツ
トッピングは赤タマネギのピクルス（P85参照）が定番。油はラードで揚げるのが一般的です。

ポヨ・ピビル／Pollo Pibil

茹でた鶏胸肉（P60参照）をピビルペースト（P105参照）に約2時間浸けた後、200℃に熱したオーブンで約15分加熱して火を通す。

Gorditas

ゴルディータス

牛肉と菜の花の肉まん風

直訳すると「太っちょさん」という意味。ちょっと厚めのトルティーヤを使い、軽く焼いてから熱い油で揚げてぷくっと膨らませます。口に入れた瞬間にトウモロコシの甘く香ばしい香りが楽しめます。中の具はオリジナルで、柔らかく煮た牛肉とちょっとほろ苦い菜の花をハラペーニョで爽やかに和えたものを詰めています。

材料（3個分）

ソペス用マサ（P39） …… 135g
牛スネ肉 …… 100g
（以下各適量）
菜の花
サルサ・メヒカーナ（P23）
カッテージチーズ
揚げ油
塩コショウ

作り方

1. ソペス用マサを45gのボールにしてプレンサで直径9cmの円形に伸ばす。
2. 1を鉄板で軽く焼いてから180℃の油に入れてぷくっと膨らませ、外側がサクッとしたら上げる。
3. 2の油をペーパータオルで切ってから、水平に真ん中に切れ目を入れてポケット状に開く。
4. 柔らかく煮てほぐした牛スネ肉、茹でた菜の花をボウルに入れて塩コショウし、サルサとカッテージチーズを加えて和える。
5. 3の中に4を詰める。

調理のコツ

生地を上手く膨らませるには、外側を焼き固めて壁を作り、中の空気が抜けすぎないよう焼きすぎに注意。

素材のオプション

牛肉はスネ肉を使ったが、ハラミやほかの部位でもOK。チーズはフェタチーズでもよい。日本の春を代表する食材「菜の花」は少し青臭いのが特徴だが、実はメキシコ料理にもワウソントレ、ベルドラガなど癖のある青い葉っぱの野菜が多く登場し、日本人とメキシコ人に共通する好みの味。菜の花ではなく春菊でも代用可。

チラキーレス

Chilaquiles

チラキーレス

メキシコ版おじや

トルティーヤチップスをトマトのソースで煮込んだ「メキシコ版おじや」です。サルサ・ベルデ（P53参照）やチレ・チポトレなどのサルサをかけても美味しいです。メキシコでは、前日の残りのトルティーヤを活用した朝食として親しまれています。また、飲んだ後の締めとしてもたまらない料理です。

材料（1人分）

トルティーヤチップス …… 80g		**＜トッピング＞** …… 各適量
サルサ・ロハ …… 160㎖		サワークリーム
鶏スープ（P60）…… 80㎖		牛乳
		粉チーズ
		タマネギ
		コリアンダー

作り方

1 サルサ・ロハと鶏スープを合わせて沸かし、トルティーヤチップスを加える。

2 火を中火に落としてソースがトルティーヤチップス全体に回るまで10〜15秒煮る。

3 味見をしたら皿に移して、約半量の牛乳で薄めたサワークリーム、粉チーズ、タマネギの輪切り、コリアンダーの粗みじん切りをトッピングする。

調理のコツ

煮すぎるとトルティーヤチップスが柔らかくなりすぎてしまうので、あまり時間をかけないようにする。また、市販の塩味トルティーヤチップスを使用する場合は、塩を足す必要はない。

トルティーヤチップス

トルティーヤを8等分し、180℃に熱した油で揚げる。トルティーヤは焼きたてのものではなく、時間が経って多少かたくなったものの方が適している。メキシコではトトポス（Totopos）と呼び、語源はナワトル語のトトポチトリ。

サルサ・ロハ／Salsa Roja

材料（約2.5ℓ分）

サラダ油 …… 大さじ2		ホールトマト …… 1号缶（2,550g）
タマネギ …… 1個		塩 …… 21g
ニンニク …… 2片		オレガノ …… 1つまみ
チレ・デ・アルボル …… 3本		

作り方

1 タマネギ、ニンニクは細かいみじん切りにし、サラダ油を熱した鍋で、中火で炒めて水分を飛ばす。

2 チレ・デ・アルボルをハサミで細く切って1に加え、香ばしくなったらホールトマトを汁ごと加えて強火にする。

3 2が沸騰したら塩とオレガノを加える。粗熱が取れたらムーランで濾す。

エンチラーダス・ロハス・デ・ポヨ

Enchiladas Rojas de Pollo
エンチラーダス・ロハス・デ・ポヨ

赤いソースのエンチラーダス

チリソースに浸したという意味の名前で、具を包んでから温めたトルティーヤの上にサルサをひたひたになるまでかけます。昼食としてよく食べられます。

調理のコツ
トルティーヤは、温めたラードや油に入れて柔らかくする方法が一般的だが、油を使わない方が軽く仕上がる。

味付けのコツ
ソースは、後で他の料理にも使えるよう塩味をやや薄めに作っておき、各料理の仕上げで調節する。

材料（2人分）

鶏胸肉（P60）…… 100g		サワークリーム …… 適量	
トルティーヤ（P33）…… 3枚		Ⓐ タマネギ（輪切り）…… 3個	
＜トッピング＞		カッテージチーズ …… 適量	
サルサ・ロハ（P51）…… 220㎖		コリアンダー（粗みじん切り）…… 適量	

作り方
1　鶏胸肉は手で細く裂く。トルティーヤは鉄板で温めて柔らかくする。
2　トルティーヤで鶏肉を巻いてサルサ・ロハをかける。
3　2にサワークリームをかけて200℃に熱したオーブンに約30秒入れる。
4　3をⒶで飾り、豆ペースト（P149参照）とトルティーヤチップス（P51参照）を添える。

Enchiladas Verdes
エンチラーダス・ベルデス

緑のソースのエンチラーダス

チキン・エンチラーダスに、サルサ・ロハではなく、サルサ・ベルデをかけた料理です。

サルサ・ベルデ／Salsa Verde

緑トマト
P22で紹介したテーブルソースのサルサ・ベルデと同様、現地では生の緑トマトが使われる。缶詰の水煮を使う場合はピーマンを入れて香りと色を補う。

材料

Ⓐ タマネギ …… 1/4個		水 …… 500㎖	
ニンニク …… 2片		塩 …… 12g	
ピーマン …… 4〜5個		チレ・ハラペーニョ（缶）…… 大1本	
サラダ油 …… 30㎖			
緑トマト（缶）…… 1.2kg（実のみ）			

作り方
1　Ⓐはみじん切りにし、油を熱した鍋に入れて中火で炒め、水分を飛ばす。
2　ピーマンは縦に2等分してヘタと種を取り、薄く油（分量外）をひいたフライパンに並べて中火にかけ、蓋をしてしんなりさせる。
3　1に緑トマトと水を加え、強火にして沸騰させ、塩を加えて火を止める。
4　3の粗熱が取れたらチレと2を加え、ミキサーにかけて滑らかにする。

エンチラーダソース
Salsa para Enchilada / サルサ・パラ・エンチラーダ

材料

チレ・アンチョ …… 60g
トマト …… 1個
ニンニク …… 1片
塩 …… 20g
赤ワインビネガー …… 15㎖
鶏スープ（P60）…… 180㎖
揚げ油 …… 適量

作り方

1. 油をフライパンで熱する。チレ・アンチョはへたと種を取り、油で軽く揚げ、お湯に入れてふやかしておく。
2. トマトとニンニクは丸ごと200℃に熱したオーブンでローストする。
3. 1と2を合わせ、塩と赤ワインビネガー、鶏スープの半量を加えてミキサーでピュレ状にする。
4. 鍋に油大さじ1を熱し、3を加えて揚げるようにして温める。残りのスープを加えて軽く煮詰める。

Enchiladas a la Plaza

エンチラーダス・ア・ラ・プラサ

屋台風のエンチラーダス

主に中部高原地帯の町の広場（プラサ／Plaza）に出店する屋台に出される料理で、特にミチョアカン州のものが有名です。とてもシンプルで油っぽく、これぞメキシコ屋台の味！という感じが楽しめる料理です。

材料（2人分）

水 …… 1ℓ	（以下各適量）
塩 …… 5g	カッテージチーズ
鶏モモ肉 …… 1枚	ロメインレタス
ジャガイモ …… 1個	タマネギ（輪切り）
ニンジン …… 1/3本	ラディッシュ（スライス）
トルティーヤ（P33）…… 3枚	チレ・ハラペーニョ（缶）（スライス）
	エンチラーダソース（P54）
	揚げ油

作り方

1. 水に塩と香味野菜（分量外）を入れ、鶏モモ肉を30分ほど茹でる。
2. ジャガイモは皮付きのまま、ニンジンは皮をむいてから茹で、一口大に切る。
3. エンチラーダソースは鍋に入れて温めておく。
4. 1を3等分に切って3にくぐらせ、フライパンに熱した油で1分ほど揚げる。
5. トルティーヤも3のソースに一旦浸してから油で数秒ほど軽く揚げる。
6. 2を5の油で軽く温める。
7. 5を二つ折りにし、タマネギとラディッシュ、カッテージチーズを上に飾る。レタスを敷いて、4を置き、周りに6を散らしてハラペーニョをトッピングする。

> メキシコでは…
> 「チリソースに浸した」という料理名により近いのはP53で紹介した料理より、トウガラシたっぷりのソースに浸してから油で揚げるこの料理かもしれないだろう。メキシコの屋台では、中央にある丸い窪みに油を入れて鶏肉やトルティーヤを揚げ、周りの温かい部分で保温できるメメレロ（Memelero）という調理器具を使っている。

COLUMNA
メキシコ人の 1日の食事

主に都市部に在住するメキシコ人の一般的な食事の時間や内容をご紹介します。

朝食
デサジュノ
Desayuno

メキシコの食事は、トルティーヤとフリホーレス、それに様々な卵料理から始まります。メキシコの朝は早く、朝食は6時頃に家で簡単に取るか職場近くで8時頃にすませる人も多いようです。

街角に立つスタンドでは、タマーレス（Tamales、P35参照）とトウモロコシの粉をお湯で溶いて味を付けたドリンクのアトレ（Atole）、ホットチョコレート（チョコラテ・カリエンテ／Chocolate Caliente）、メロンパンのような見た目のコンチャ（Concha）という菓子パン、簡単なサンドイッチとヨーグルトなどが売られています。搾りたてのジュース、グラノーラやヨーグルトをかけたフルーツの盛り合わせも人気があります。パン・ボリージョ（Pan Bolillo）に肉や野菜を挟んだトルタ（Torta）という、ボリュームのあるサンドイッチを頬張る人も少なくありません。

レストランやカフェ、ホテルなどで出される朝食のフルコースは、新鮮な搾りたてのオレンジジュース、フルーツの盛り合わせ、卵料理と黒豆の煮込み、菓子パン盛り合わせ、ブラックコーヒーが順番に出てきます。メキシコでは朝食が大事に考えられていて、都市部では、朝食を取りながらのビジネスミーティングも珍しくありません。

1.朝食の定番、フルーツの盛り合わせ。2.ナッツやヨーグルトをたっぷりのせた果物。3.卵料理にメキシコ風豆のペースト（P149参照）、カフェ・デ・オジャ（P184参照）などが揃う家庭の朝食。4.ケレタロ風チラキーレス。チラキーレス（P51参照）も朝食の定番料理。

5 昼食はスープ料理から始まることもよくある。6 お米料理のメキシコ風トマトピラフ（P145参照）、サラダ、魚料理をワンプレートにのせて。7 食後にプリン（P172参照）とコーヒー。8 サルサとレモン、ジュースとパンは食べ放題の店が多い。

昼食
コミーダ
Comida

メキシコのメインの食事は昼食です。昼は13時頃からと遅く、ピークは14時頃です。また、休日は16時頃まで2〜3時間、会話を楽しみながらのんびりとることも多いです。自宅に戻ってゆっくり家族で食事する人も少なくありません。

朝食から昼食までの間にとる軽食はアルムエルソ（Almuerzo）、昼食から夕食までの軽食はメリエンダ（Merienda）といい、タコスなどのアントヒートスを屋台などで食べます。学校や会社で食べるお弁当や軽い昼食はロンチェ（Lonche）と呼び、煮込み料理などをタッパーに詰めてくる人も多いようです。

お昼の定食は、コミーダ・コリーダ（Comida Corrida）、日替わり定食はメヌー・デル・ディア（Menú del Día）と呼ばれています。前菜かスープで始まり、肉か魚料理などのメイン料理にパスタや米料理、サラダと豆料理が組み合わされ、最後にオプションでデザートとコーヒーがつくようなものが定番です。トルティーヤかパン、サルサは食べ放題で用意されています。また、アグアス・フレスカス（Aguas Frescas）と呼ばれる果物に砂糖や水を加えて混ぜたジュースも飲み放題で提供されます。ハイビスカスティ（P182参照）などが人気です。

夕食
セナ
Cena

夕食は、20時頃とする家庭が多いようです。菓子パンとチョコレートなどで軽く済ませる人も多く、タコスやケサディーヤス（P41参照）などのアントヒートスを屋台で食べたり、レストランやカンティーナと呼ばれる居酒屋などで、ビールやテキーラなどとおつまみ（ボターナ／Botana）を楽しむ機会もあります。週末などパーティ（フィエスタ／Fiesta）では様々なアントヒートスが用意されます。

9. イダルゴ州名物のパイ（Pastes／パステス）も軽食やおやつ、軽い夕食にもぴったり。10. トスターダス（P46参照）をおつまみにビールを飲みながらの軽い夕食。

Text & Photo: Shida Mie

Recetas

3

スープ

SOPAS

ソパス

> ソパ (Sopa) は、一般的に野菜などが入ったスープ。カルド (Caldo) は、肉や野菜を煮て、具を取り除いた出汁を指すことが一般的です。クレマ (Crema) は、ポタージュスープのこと。メキシコでスープといえば、鶏ガラスープをベースにしたものが多く見られます。
>
> ちなみにこちらで紹介しているスープは「濡れたスープ」(ソパ・モハーダ／Sopa Mojada、もしくはソパ・アグアーダ／Sopa Aguada) と呼び、米料理とパスタを「乾いたスープ」と呼びます。
>
> メキシコは、暑い国で冷たいスープ料理が人気と想像されがちですが、冷たいスープ料理はあまりありません。また、スープの調理は大変手間がかかるため、家で作るより、レストランやスープ料理の専門店で食べることも多いようです。特にポソレは、都市部を中心に様々なチェーン店があり、成功を収めています。
>
> スープ料理のバリエーションは豊富で、黒豆のスープのように古代から食されているようなものから、ニンニクスープ (ソパ・デ・アホ／Sopa de Ajo) など、スペイン料理の影響を受けたものまで多種多様にあります。こちらでは、ベースになる鶏スープをはじめ、特に代表的な10点のレシピを紹介していきますが、ほかにも有名なスープとして、牛肉スープ (カルド・デ・レス／Caldo de Res)、麺のスープ (ソパ・デ・フィデオ／Sopa de Fideo)、レンズ豆のスープ (ソパ・デ・レンテハ／Sopa de Lenteja)、そら豆のスープ (ソパ・デ・アバス／Sopa de Habas)、ズッキーニの花のスープ (ソパ・デ・フロール・デ・カラバシータ／Sopa de Flor de Calabacita)、干しエビのスープ (カルド・デ・カマロン・セコ／Caldo de Camarón Seco) などがあります。

1. トルティーヤスープ(P62参照)。2. ライムスープ(P63参照)。3. 白ポソレ(P67参照)。4. 赤ポソレ(Pozole Rojo／ポソレ・ロホ)。5. ハチノススープ(P68参照)。6. 魚介スープ(P70参照)。7. 黒豆のスープ(P69参照)。8. ズッキーニの花のスープ。

59

Caldo de Pollo
カルド・デ・ポヨ

基本の鶏スープ

多くのスープ料理や煮込み料理のベースになります。伝統的には丸鶏（古くは年老いた雌鶏）を使いますが長時間煮込むと鶏肉の旨味が抜けて身もスカスカになってしまい、ほかの料理に使いにくくなります。鶏ガラと鶏手羽先、鶏胸肉を使うこちらの方法なら、煮終わった後の鶏胸肉を様々なほかの料理にも使えます。

材料（約8ℓ分）

- 鶏ガラ …… 3kg
- 鶏手羽先 …… 500g
- 鶏皮 …… 適量
- タマネギ …… 大4個
- ニンジン …… 1本
- セロリ …… 2枝
- ローリエ …… 5枚
- 鶏胸肉 …… 2kg
- 水 …… 10ℓ
- 塩 …… 30g

作り方

1. 寸胴鍋に鶏ガラと鶏手羽先、鶏皮、水、塩を入れて火にかけ、沸騰したら火を弱めてアクを取る。
2. 鍋の中でスープがゆっくりと対流する火加減を保ち、アクを時々取りながら1時間ほど煮る。
3. ザク切りにしたタマネギ、ニンジン、セロリ、ローリエを加えて火を強め、沸騰したら再び火を弱め、アクを取る。
4. 2の火加減に戻して3時間ほど煮る。旨味が出たら鶏胸肉を入れて火を強め、沸騰後に火加減を2に戻して12、13分ほど煮る。
5. 火を止めてそのまま20〜30分ほど余熱で鶏肉に火を通す。
6. 鶏肉に火が通ったら取り出し、シノワでスープを濾す。
7. キッチンポットに入れて冷蔵庫で一晩冷やす。次の日にスープはコラーゲンで軽い煮凝り状になるので、上に固まっている脂を取り除く。

調理のコツ

店では鶏皮がたくさん余るので使っているが、なければ入れなくてもよい。目指すのは、旨味が充分にありながらもクリアーな色と味。それには火加減を気を付けること、アクを丁寧に取ることが大切。一晩冷やしたあと、上の澄んだ部分と下の濁った部分に分け、澄んだ方をスープに、濁った方をモレやピピアン・ベルデ（P139参照）の仕込みに使う。

茹でた鶏胸肉

このスープを取った後の鶏胸肉は様々な料理に使える。茹でた鶏胸肉のみを作りたい場合は、水1ℓに鶏胸肉を入れ、塩小さじ1とありあわせの香味野菜（タマネギ、セロリ、ニンジン、パセリの茎などの切れ端でよい）を加えて12〜15分茹でる。

Consomé de Pollo

コンソメ・デ・ポヨ

チキンコンソメスープ

「コンソメ」といえば、本来はフランス料理の卵白を使ってスープを澄ませたものが一般的ですが、メキシコでは、通常、クリアな状態に仕上げた鶏のスープのことを指します。日本のおかゆのように、風邪やお腹を壊すなどの体調が悪い時、または妊娠中や産後に飲む習慣があります。

材料（1人分）
鶏スープ（P60） …… 300㎖
鶏胸肉（P60） …… 適量
<トッピング> …… 各適量
タマネギ
コリアンダー
ライム
アボカド

作り方
1. タマネギとコリアンダーを粗みじん切りにする。ライムはスライスし、アボカドはさいの目切りにする。
2. 鶏スープを沸かし、塩（分量外）で味を調え、茹でて細く裂いた鶏胸肉を加える。
3. 2をスープ皿に盛り、1を別皿に入れて添える。

鶏のスープの効用

鶏のスープは、とても身体によく、メキシコでは、「病人のためのスープ」と呼ばれるほど。ラテンアメリカ諸国でも人気で、映画『ブエナ・ビスタ・ソシアル・クラブ』の冒頭で、90歳を過ぎてもなお現役だった歌手コンパイ・セグンドが、滋養たっぷりの鶏のスープを懐かしがっているシーンがある。

Sopa de Tortilla
ソパ・デ・トルティーヤ

トルティーヤスープ

揚げたトルティーヤがポイントのスープで、メキシコスープの定番です。ソパ・アステカ（Sopa Azteca）と呼ばれることもあり、メキシコ市をはじめとしたメキシコの中央部で愛されています。家庭料理というよりは、レストランなどで食べられることが多く、ボリュームもあるので夜食などにもぴったりです。「サルシータ」ではタマール、ソペスに次いでメキシコ人がよく注文する料理です。

材料（1人分）
<スープ>
鶏スープ（P60）…… 180ml
サルサ・ロハ（P51）…… 120ml
鶏胸肉（P60）…… 適量
アボカド …… 適量
チレ・パシージャペースト
…… 小さじ1/3
<トッピング> …… 各適量
トルティーヤ
チレ・パシージャ
フェタチーズ
タマネギ
コリアンダー

作り方
1. 茹でた鶏胸肉を細く裂き、アボカドはさいの目切りにする。
2. トルティーヤは5mm幅に、チレ・パシージャは3mm幅の輪切りに切ってそれぞれ油（分量外）で揚げる。フェタチーズは軽く塩抜きしてからさいの目に、タマネギとコリアンダーは粗みじんに切る。
3. 鶏スープとサルサ・ロハを合わせて鍋に入れ火にかける。チレ・パシージャペーストをダマにならないように小さな濾し器などを使って溶き入れる。
4. スープが沸いたら1を加え、塩（分量外）で味を調えてスープ皿に入れ、2をトッピングとしてのせる。

チレ・パシージャペースト Pasta de Chile Pasilla／パスタ・デ・チレ・パシージャ

材料
チレ・パシージャ …… 適量
揚げ油 …… 適量

作り方
1. チレ・パシージャはヘタを切り落として、ハサミで縦に切り開いて種を取り、中高温の油で、チレの色がかなり濃くなるまで、焦がすくらいじっくり揚げる。
2. 1をお湯に20分ほど浸してふやかし、ミキサーでペースト状にして網で濾す。

Sopa de Lima
ソパ・デ・リマ

ユカタン風ライムスープ

ユカタン地方でよく食される名物料理で、南国らしくさっぱりした味わいの香り高いスープです。本来は、リマという薄い黄色の柑橘系のフルーツを使いますが、キーライムで代用できます。

材料（1人分）
＜スープ＞
鶏スープ（P60） …… 300 mℓ
鶏胸肉（P60） …… 適量
アボカド …… 適量
トマト …… 適量
ニンジン …… 適量
インゲン …… 適量
ヒヨコ豆 …… 適量
チレ・ハラペーニョ
（酢漬け） …… 5mm分
キーライム …… 1/2個
オレガノ …… 少量
＜トッピング＞ …… 各適量
トルティーヤ
フェタチーズ
タマネギ
コリアンダー
ライム

作り方
1. 茹でた鶏胸肉は細く裂き、ヒヨコ豆（豆の状態にもよるが、一晩水に漬けておくとよい）は茹でる。ニンジンとインゲンは茹でてからさいの目切りに、アボカドとトマトはそのままさいの目切りにする。
2. トッピングを用意する。トルティーヤは5mm幅に切って揚げ、フェタチーズは軽く塩抜きしてからさいの目切りに、タマネギとコリアンダーは粗みじん切りに、ライムはスライスする。
3. 鶏スープを鍋に入れて火にかけ、みじん切りにしたハラペーニョを入れる。沸騰しそうになったら火を弱め、1を入れ、キーライムを搾り入れる。
4. 塩（分量外）で味を調え、足りないようならキーライムを足し、オレガノを入れる。
5. 4をスープ皿に盛り付け、2のトッピングを飾る。

Caldo Tlalpeño
カルド・トラルペーニョ

トラルパン風スープ

メキシコ市をはじめ、メキシコ中央部でよく食されるあっさりしたクセのないスープです。名前の由来は、20世紀の初め頃、メキシコ市郊外のトラルパン（Tlalpan）駅で、ある女性が売っていたスープがあまりにも美味しくて評判になったことからなど、諸説あるようです。チキンコンソメスープ（P61参照）のアレンジ料理です。

材料（1人分）
<スープ>
鶏スープ（P60）…… 300㎖
チレ・チポトレ（缶）…… 1/4個
（以下各適量）
鶏胸肉（P60）
ヒヨコ豆
ニンジン
インゲン
アボカド
トマト
炊いたご飯（または
アロス・ブランコ、P145）
…… 大さじ1
<トッピング> …… 各適量
トルティーヤ
フェタチーズ
タマネギ
コリアンダー
チレ・チポトレ（缶）…… 1/2個

作り方
1 茹でた鶏胸肉を細く裂き、ヒヨコ豆は茹でる。ニンジンとインゲンは茹でてからさいの目切りに、アボカドとトマトはそのままさいの目切りに切る。
2 トルティーヤは5mm幅に切って油（分量外）で揚げ、フェタチーズは軽く塩抜きしてからさいの目切りに、タマネギとコリアンダーは粗みじんに切る。チレ・チポトレは種を取る。
3 鶏スープを鍋に入れて火にかけ、みじん切りにしたチレ・チポトレを入れる。沸騰しそうになったら火を弱め、1とご飯を入れる。
4 塩（分量外）で味を調えたらスープ皿に入れ、2をのせる。

Crema de Calabacita
クレマ・デ・カラバシータ

ズッキーニの
ポタージュ

メキシコで日常的に飲まれる、ズッキーニのポタージュスープです。クリーミーな喉越しが特徴で、昼食によく食されます。

材料（6人分）
タマネギ …… 1個（300g）
ズッキーニ …… 1kg
バター …… 100g
水 …… 800㎖
塩 …… 12g
牛乳 …… 500㎖
<トッピング> …… 各適量
サワークリーム
牛乳

作り方
1. タマネギは粗みじん切り、ズッキーニはスライサーで5mmほどにスライスする。
2. ステンレスかほうろう鍋を火にかけ、バターを溶かしてタマネギを炒め、しんなりしたらズッキーニを加えてさらに1分ほど炒め、水を加える。
3. 2が沸騰したら火を弱め、塩を入れる。ズッキーニが柔らかくなったら火を止めて牛乳を入れる。
4. 3をミキサーにかけ、滑らかになったら鍋に戻す。温めて塩味を確認し、器に注ぐ。
5. 約半量の牛乳で薄めたサワークリームを飾る。

ポソレ・ブランコ

Pozole Blanco

ポソレ・ブランコ

大きなトウモロコシの入った豚骨スープ

メキシコ伝統のスープ料理で、豚でじっくり出汁をとったスープに大粒白トウモロコシ（カカワシントル／Cacahuazintle）がごろごろ入っています。ハリスコ州やミチョアカン州、シナロア州は、チレ・グアヒーヨをベースにした赤色、ゲレロ州では、白と緑色（カボチャの種をベースにした）がよく食されます。仕込みにかなりの手間がかかるので、祭りや祝い事の時に、大人数で食べるご馳走として親しまれています。特に愛国月間（9月16日の独立記念日までの1か月間）によく振る舞われ、独立記念日には空の鍋を持ってポソレ専門店に並ぶ人もいるほどです。

材料（10皿分）

＜スープ＞
豚肩ロース …… 1kg
塩 …… 15g
タマネギ …… 2個
ニンニク …… 2片
豚背ガラ …… 1kg
豚足 …… 3本
ローリエ …… 2枚
ポソレ用トウモロコシ
（下茹でしてあるもの）…… 1kg

塩 …… 2つまみ
オレガノ …… 2つまみ
＜トッピング＞ …… 各適量
レタス
ラディッシュ
タマネギ
コリアンダー
ライム

> **トッピング**
> アボカドやチチャロンを加えてもよい。

> **ポソレの木曜日**
> 緑色のポソレの本場、ゲレロ州チラパ村には「ポソレの木曜日（フエベス・ポソレーロ／Jueves Pozolero）」という習慣がある。理由は毎週日曜に開かれていた青空市場のティアンギスに向け、商人が英気を養うために木曜日にポソレを食べていたからなど諸説あるようだ。

作り方

① 作る2、3日前に豚肩ロースに10gの塩をすり込んで置く。
② 1のうち250gを出汁用に1cm角ほどに切る。残りは具材用に3等分に切る。
③ タマネギは乱切りに、ニンニクはスライスする。
④ 3と豚ガラ、豚足、ローリエ、2の角切りを鍋に入れ、ひたひたになるまで水を注ぎ、塩5gを入れて中火で約2時間煮る。途中、水が少なくなったら足す。
⑤ 4から豚足を取り出し、2の残りを入れてさらに1時間ほど煮る。
⑥ 5で投入した豚肩ロースが柔らかくなっていたら取り出し、残りをシノワで濾す。
⑦ 6のスープを鍋に戻し、ポソレ用トウモロコシを入れて30分ほど煮る。
⑧ 5で取り出した豚肩ロースを1cm角に切って加える。全体が3.5ℓほどになるように、水を足して調整する。塩を入れて味を調節し、オレガノを加える。
⑨ トッピングを用意する。レタスは千切りに、ラディッシュはスライスし、タマネギとコリアンダーは粗みじん切りに、ライムはくし型に切る。
⑩ 8を器に入れ、9を別皿に入れて盛り付ける。

Menudo Rojo
メヌード・ロホ

ハチノスのスープ

牛の第二胃袋（ハチノス）をトロトロになるまで柔らかく煮込んだものや、豚足の煮込みも入ったコラーゲンたっぷりのスープ。メキシコを代表する真っ赤な色が印象的な煮込み料理です。主に北の地域ではメヌードと呼ばれますが、パンシータ（Pancita）の名でも知られています。

材料（6人分）
<スープ>
牛ハチノス …… 1kg
酢 …… 15㎖
豚足 …… 1本
牛骨 …… 1kg
タマネギ …… 2個
ニンニク …… 2片
ローリエ …… 2枚
塩 …… 5g
チレ・グアヒーヨ …… 20g
チレ・アンチョ …… 10g
クミン …… 小さじ1
オレガノ …… 2つまみ
<トッピング> …… 各適量
ラディッシュ
タマネギ
コリアンダー
ライム

作り方
1. 牛ハチノスは下茹でして流水で洗い、鍋に入れて香味野菜（分量外）と酢を加えたっぷりと水を注ぐ。
2. 1を20分ほど煮、牛ハチノスを取り出して5×2cmほどの大きさに切る。
3. 豚足、牛骨と乱切りにしたタマネギ、スライスしたニンニク、ローリエ、塩を鍋に入れ、ひたひたの水を注ぎ火にかける。
4. 3を2〜3時間煮てからシノワで濾す。
5. 4を鍋に戻し、2を入れて2時間ほど煮る。
6. 熱したフライパンにトウガラシ類を入れ、両面を数秒ずつスパテラで押さえつけて焼き、取り出してお湯に浸して柔らかくする。
7. 6をミキサーでピュレ状にして5に加える。クミン、オレガノを加え、味見をして塩味を調節する。
8. ラディッシュはスライス、タマネギとコリアンダーは粗みじん、ライムはくし型に切る。
9. 7を器に入れ、8を別皿に入れて添える。

> **アイ・メヌード**
> 作るのに時間と手間がかかるため、週末だけ提供する店も多い。そのような店には、「メヌードあります（アイ・メヌード／Hay Menudo）」の貼り紙がしてある。

Sopa de Frijoles
ソパ・デ・フリホーレス

黒豆のスープ

古代から食されている濃厚で素朴なスープ。主に昼食時に食され、メキシコの食卓には欠かせない、とても登場頻度の高いスープです。

材料（10人分）
<スープ>
ベーコン …… 100g
水 …… 0.5ℓ
黒豆の煮込み
(P149) …… 1.5kg
鶏スープ (P60) …… 1ℓ
チレ・チポトレ（缶）
…… 1、2個
塩 …… 適量
<トッピング> …… 各適量
サワークリーム
オレガノ
万能ネギ

作り方
1 ベーコンは細かく切り、フライパンをやや弱めの中火にかけ、油をひかずにカリカリになるまで炒める。
2 1に水を加えて沸騰させ、ベーコンのエキスを水に移して濾す。
3 鍋に黒豆の煮込み、鶏スープ、2のスープを加えて沸騰させた後、チレ・チポトレを加える。
4 3をミキサーにかける。滑らかになったら鍋に戻して温め、塩分を調節する。
5 4をスープ皿によそい、半量の牛乳（分量外）で薄めたサワークリームとオレガノ、細切りにした万能ネギを飾る。

トッピング
ベーコンは味を足すために入れるが、炒めた後はトッピングにしてもよい。トッピングは、細切りにした万能ネギで風味を足しているが、コリアンダーでもよい。

エンフリホラーダ
水分を少し減らしてトルティーヤの上からかけるとエンフリホラーダ（Enfrijolada）という料理になる。エンフリホラーダで有名なオアハカ州では、アボカドの葉を入れて風味を付ける。代用として、アニスシードを小さじ1ほど、2の時点で加えると近い味になる。その際はチレ・チポトレは加えない。

Sopa de Mariscos
ソパ・デ・マリスコス

魚介のスープ

シーフードをたっぷり使った辛いスープで、沿岸部をはじめとするメキシコ全国で食されます。聖週間（セマナ・サンタ）で肉を禁じる日に食べる定番料理としても有名。贅沢なメニューの部類に入り、外食時や旅行先など、ちょっと特別な時に食されます。

材料（2人分）

- 白身魚 …… 60g
- 有頭エビ …… 2尾
- ヤリイカ …… 1杯
- ハマグリ …… 120g
- カニ …… 80g
- チレ・グアヒーヨ …… 6g
- 魚スープ（P147）…… 240㎖
- サルサ・ロハ（P51）…… 100㎖
- ジャガイモ …… 小1個
- インゲン …… 4本
- トウモロコシ …… 1/4本
- タイム …… 1枝
- キーライム …… 1個

作り方

1. 白身魚は一口サイズに切り、エビは背ワタを取る。
2. ヤリイカは内臓を取り、皮をむいて1cm幅ほどの輪切りにする。
3. ジャガイモ、インゲン、トウモロコシをそれぞれ茹でてジャガイモは一口サイズ、インゲンは半分に切る。
4. チレ・グアヒーヨを熱したフライパンで裏表を香ばしく焼いた後、お湯でふやかし、魚スープと共にミキサーにかける。
5. 鍋に4とハマグリを入れ、蓋をして火にかける。貝が開いたら一旦取り出し、サルサ・ロハ、カニと1を入れ再び火にかけて約5分煮る。
6. 5に2と5で取り出した貝、3とタイムを順に入れ、約2分煮る。味見をして塩（分量外）で味を調節する。
7. 6を盛りつけ、切ったキーライムを添える。

トウガラシ

トウガラシは、チレ・グアヒーヨを使ったが、メキシコでは、チレ・ハラペーニョ、チレ・チポトレを入れることが多い。その場合は、辛みの強さも増す。

Chilpachole de Jaiba
チルパチョーレ・デ・ハイバ

カニのピリ辛スープ

メキシコ湾周辺のベラクルス州やタマウリパス州でよく食べられるスープ。メキシコではハイバ（Jaiba）と呼ばれるカニで作るが、渡りガニで代用できます。カニではなく、エビで作る場合もあります。メキシコではエパソテ（Epazote）を最後に入れます。

材料（2人分）

＜スープ＞
- 渡りガニ …… 1杯（約250g）
- トマト …… 1個
- タマネギ …… 1/4個
- ニンニク …… 1片
- ソペス用マサ（P39）…… 45g
- チレ・チポトレ（缶）…… 1/2〜1個
- ホウレン草 …… 適量
- ローリエ …… 1枚
- 塩 …… 1つまみ

作り方

1. カニを鍋に入れ、水をたっぷり注ぎ、塩と香味野菜（分量外）、ローリエを入れて5分ほど火にかける。
2. トマト、タマネギ、ニンニクは200℃に熱したオーブンで焼く。
3. 1のカニを取り出し、甲羅を外して中身を取り出す。甲羅と爪、足は15分ほど茹でて出汁を取り、茹で汁は濾す。
4. ソペス用のマサを3等分し、マッシュルームのような形にして3の茹で汁で10分ほど茹でる。
5. 2とチレ・チポトレをミキサーに入れ、4の茹で汁200mlと共に混ぜて、ピュレ状にする。
6. 5を鍋に戻して火にかけ、3のカニ肉を入れる。味見をして塩味を調節する。
7. 6をスープ皿に入れ、茹でたホウレン草と4を浮かべる。

調理のコツ

カニが卵を持っていれば、一緒に入れる。カニの身は全部取り去ってしまわずに一部を飾りに使ってもよい。作り方4のマッシュルーム状のマサはチャチョヨーテ（Chachoyote）と呼ばれる。トウモロコシの粉で作ったニョッキのようなもので、主にオアハカ地方でモレやスープの付け合わせとして使われる。

COLUMNA

カカオ荘園を訪ねて

チョコレートの原料となるカカオは、メソアメリカと呼ばれるメキシコ南部や中米などの熱帯地域が原産地です。その原産地にあるカカオ荘園を訪ねました。

カカオの歴史は、遠く紀元前のオルメカ文明にまで遡ります。後のマヤ、アステカ文明でもカカオ栽培は行われ、貨幣として使われるなど、とても大切に育てられていました。1519年になると、スペイン人の征服者コルテスがメキシコに上陸。カカオを知り、スペイン国王に献上。その後、砂糖やシナモンを加えるなど飲みやすくしたものが、17世紀にはヨーロッパの上層階級で流行しました。

現在のメキシコは、カカオ産地としてもチョコレートの生産地としても上位ではないし、消費量もそれほど多くはありません。しかし、メキシコの代表料理のモレからカカオは外せませんし、ホット・チョコレートは国民に愛飲されています。メキシコの食材を混ぜたメキシコならではのチョコレート菓子の販売も増えています。

1. カカオは枝だけでなく、幹にも実がなる。 2. 豆は丸く、苦味が少ないのが特徴のクリオージョ品種のカカオ。ボートのような桶の中で発酵させる。 3. タバスコ州のカカオ荘園ではカカオ豆の加工実演を見せてくれる。 4. 16世紀前半のカカオの産地の中心は現在のタバスコ州のあたり。

カカオドリンク

マヤ、アステカ文明の時代は、発酵・乾燥させたカカオを煎り、メタテ（Metate）という石のまな板の上の上でマノ（Mano）という綿棒上の石で粉砕して液状にしました。そこにトウモロコシ粉やチレやアチオテ（Achiote）などを加え、モリニージョ（Molinillo）という混ぜ棒で撹拌しながら泡をたてて飲んでいました。甘いものではなく、儀礼的な場面や健康増進などの目的で薬のように飲まれていたようです。

現在は、固形のチョコレート（Chocolate／チョコラテ）を牛乳や水と共に温めてて溶かし、チョコラテ・カリエンテ（Chocolate Caliente）として朝や晩に飲むのが一般的です。

5. 長い間、上流階級の人だけの飲みものだった。 6. 伝統的な手法で、発酵・乾燥させたカカオを煎る。 7. トウモロコシとココアを混ぜた飲み物ポソル（Pozol）。

荘園
アシエンダ
Hacienda

　高級レストラン、ホテルとしての再利用が注目されるアシエンダ。アシエンダは、荘園と訳されることが多いのですが、本来は、植民地時代に発達し、メキシコ革命後の1930年まで続いた私有地のこと。当時は、メキシコの産業や経済の中心的存在で、穀物や家畜、銀からコーヒーやカカオなど、農作だけでなく様々な産業が営まれていました。

　当時の建築様式は、アシエンダ建築と呼ばれ、現在も多くの建物が残っています。この建築様式は、1990年代頃から歴史的建築物として注目されるようになりました。ホテルやレストランとして改築されたアシエンダでは、メキシコの伝統食を提供するところも多く、往年の暮らしを窺い知ることができます。また、カカオ荘園のように、製造過程をツアーで公開しているところもあるなど、食の専門家たちにとっても興味深い場所となっています。

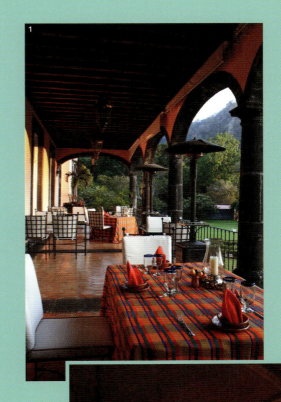

1.2.コロニアルスタイル、農園スタイルなどメキシコらしい内装やセッティングが、アシエンダ全盛の頃の家庭に招かれたような気分を味わわせる。ホテル・アシエンダ・デ・サン・アントニオ（Hotel Hacienda de San Antonio）
3.ホテル・アシエンダ・デ・ラ・ルス（Hotel Hacienda de la Luz）の中の食堂スペース。

Text & Photo: Shida Mie

Recetas

4

サラダと野菜料理

ENSALADAS Y VERDURAS

エンサラーダス・イ・ベルドゥーラス

メキシコでは、生野菜を消毒液につけたり、洗剤で洗ったりして食べる習慣があり、生野菜はあまり食べません。近年になりようやく都市部を中心にサラダの専門店などが登場するようになり、健康志向の人を中心に生野菜のサラダに注目が集まってきました。

メキシコらしい食材として、アボカド、トマト、ヒカマ、ハヤトウリなどがよく使用されます。生のマッシュルームやオレンジなど、果物を組み合わせたサラダも一般的です。代表的なサラダに、茹でたウチワサボテンを使ったものがあります。沿岸部では魚介類を使ったサラダも人気で、牛肉や鶏肉などを組み合わせたサラダも食されます。また、メキシコはシーザーサラダ発祥の地としても有名です。創作者は、ティファナにある「Caesar's Place」というレストランのオーナーといわれています。

ウチワサボテンはサラダのほかに、フライパンで焼いてステーキにしたり、スープなどに入れたりします。

トウガラシもチレ・ポブラーノを中心に中に詰め物をして野菜料理として食べます。

1

2

3

4

5

6

7

8

1. ウチワサボテンの定番サラダ、エンサラーダ・デ・ノパル（P78参照）。2. トマトと2種類のチーズ、ハムにレタスのシンプルなサラダ。3. キュウリは皮をむいて使うのが一般的。4. ツナやホワイトアスパラガスを入れたスペイン風のサラダ。5. ヒカマやビーツがメキシコらしいサラダ。6. クリスマスイブのサラダ（P79参照）。7. 野菜のピクルス（P81参照）。8. チレス・エン・ノガーダ（P93参照）。

Salpicón de Res

サルピコン・デ・レス

牛肉のサルピコン

サルピコン（Salpicón）は、小さなさいの目に切った素材を混ぜ合わせたもの。メキシコ風にトウガラシと共に柔らかく茹でた牛スネ肉が生野菜と絶妙にマッチしたボリューム満点のサラダです。前の日のシチューなどで残った牛肉を使うことも多く、牛肉の古着を意味する別名ロパ・ビエハ（Ropa Vieja）がある。

材料（1皿分）

牛スネ肉 …… 100g
チレ・パシージャペースト（P62） …… 適量
アボカド …… 1/4個
トマト …… 1/2個
インゲン …… 2本
茹で卵 …… 1個
スタッフドオリーブ …… 2個
チレ・ハラペーニョ …… 1/3個
（以下各適量）
タマネギ
コリアンダー
Ⓐ レタス
　 サニーレタス
　 トレビス
ハラペーニョ・ドレッシング
チポトレ・ドレッシング（P77）
塩コショウ

作り方

1. 牛肉は塩1g（分量外）をすり込んでチレ・パシージャペースト少々と柔らかくなるまで茹でて細く裂く。Aを適当な大きさにちぎって混ぜ、冷水でパリッとさせる。
2. アボカドは1cm角に、トマトは4等分のくし型、インゲンは茹でて1cmの長さに切り、茹で卵、コリアンダーは粗みじんに切り、オリーブとハラペーニョはみじん切りに、タマネギはスライスしておく。
3. 牛肉、コリアンダー以外の材料をボウルに入れ、チポトレ・ドレッシングでざっくりと和え、皿に盛り付ける。
4. ボウルに牛肉を入れ、塩、コショウを軽くしてからハラペーニョ・ドレッシングで和え、3の上に置き、コリアンダーを散らす。

ハラペーニョ・ドレッシング　Aderezo de Jalapeño ／アデレソ・デ・ハラペーニョ

材料

チレ・ハラペーニョ(缶) … 小1個
タマネギ …… 20g
コリアンダー …… 1枝
塩 …… 5g
白ワインビネガー …… 50㎖
オリーブ油 …… 150㎖

作り方

1. チレ・ハラペーニョは種とヘタを取り、タマネギ、コリアンダー、塩、白ワインビネガーと共にミキサーにかける。
2. 全体がよく混ざったら、オリーブ油を混ぜながら少しずつ加える。

Ensalada de Aguacate y Jaiba

エンサラーダ・デ・アグアカテ・イ・ハイバ

カニとアボカドのサラダ

メキシコではハイバ（Jaiba）と呼ばれるカニで作るサラダですが、ズワイガニ（缶詰など）で代用できます。

調理のコツ
アボカドは塩を少し振って下味を付けると、同時に余分な水分が出て味が凝縮する。

材料（1皿分）

A
- レタス …… 適量
- サニーレタス …… 適量
- トレビス …… 適量

- アボカド …… 1/2個
- インゲン …… 2本
- スタッフドオリーブ …… 2個
- トマト …… 1/2個
- タマネギのスライス …… 適量
- ズワイガニ（缶）…… 60g

B
- カッテージチーズ …… 適量
- イタリアンパセリ …… 適量

- ハラペーニョ・ドレッシング（P76）…… 適量
- チポトレ・ドレッシング …… 適量

作り方

1. Aを適当な大きさにちぎって混ぜ、冷水でパリッとさせる。
2. アボカドは半分に切って種を取り、塩（分量外）を少し振る。インゲンは茹でて半分、オリーブも半分に切る。
3. 1の水をよく切って皿に敷き、アボカドをペーパータオルなどで拭いて中央に置く。
4. アボカドの周りをタマネギで囲み、トマト、インゲンを放射状に並べる。
5. アボカドの凹みにカニの2/3量を置き、残りのカニ、オリーブ、Bを散らす。
6. カニにハラペーニョ・ドレッシングを、野菜にはチポトレ・ドレッシングをかける。

チポトレ・ドレッシング　Aderezo de Chipotle／アデレソ・デ・チポトレ

材料
- チレ・チポトレ（缶）… 2個
- タマネギ …… 40g
- ニンニク …… 2片
- 塩 …… 15g
- 白ワインビネガー … 150㎖
- オレガノ …… 2つまみ
- サラダ油 …… 675㎖

作り方

1. チレ・チポトレは種とヘタを取る。サラダ油以外の材料をミキサーにかける。
2. 全体が混ざったら、サラダ油を混ぜながら少しずつ加える。

Ensalada de Nopal

エンサラーダ・デ・ノパル

サボテンのサラダ

メカブのような食感のウチワサボテンの葉を使った、メキシコの食卓では常連のサラダ。メキシコ市のミルパ・アルタ（Milpa Alta）地方の名物料理で前菜としても食されます。ノパリートス（Nopalitos）の名で若いサボテンの葉を使ったものもあります。

材料（1皿分）

ウチワサボテン
（水煮）…… 100g
トマト …… 1/3個
フェタチーズ …… 30g
ラディッシュ …… 1個
（以下各適量）
タマネギ
コリアンダー
チポトレ・ドレッシング（P77）
コショウ

作り方

1. サボテンはペーパータオルで水気を取る。トマト、フェタチーズは1.5cm角に、タマネギ、ラディッシュはスライス、コリアンダーは粗いみじん切りにする。
2. 1をボウルに入れ、コショウを振り、チポトレ・ドレッシングで和えて皿に盛り付ける。

Ensalada de Nochebuena
エンサラーダ・デ・ノチェブエナ

クリスマスイブのサラダ

クリスマスイブのディナーに食べるのが慣例で、1年に1度だけ作られる色鮮やかなサラダです。本来はかなり甘く仕上げますが、日本人でも食べやすくアレンジしています。聖夜という名前にちなみ、メキシコ原産の植物ポインセチアのイメージで盛り付けましょう。ビーツを前もってドレッシングに漬けておくと、下味が付き、同時にドレッシングに赤い色を付けられます。

材料（1皿分）

＜サラダ＞
- ビーツ（小さめ） …… 1/2個
- オレンジ …… 1個
- リンゴ …… 1/3個
- ヒカマ …… 1個
- ピーナッツ …… 適量
- グリーンリーフレタス …… 数枚
- ザクロ …… 適量

＜ドレッシング＞
- タマネギ …… 20g
- 白ワインビネガー …… 50㎖
- サラダ油 …… 150㎖
- 塩 …… 2g

作り方

＜ドレッシング＞

タマネギ、白ワインビネガー、塩をミキサーにかけ、塩が溶けてタマネギが小さくなったら、サラダ油を少しずつ加えて乳化させる。

＜サラダ＞

1. ビーツは皮付きのままアルミホイルに包んで200℃に熱したオーブンで焼く。柔らかくなったら、皮をむいて半分に切り、2mmほどの厚さにスライスして温かいうちにドレッシングに漬ける。
2. オレンジ、リンゴ、ヒカマはビーツと同じくらいの大きさに切る。
3. ピーナッツは薄皮をむいてオーブンで香ばしくなるまで焼く。
4. 皿にグリーンリーフレタスを敷き、1のビーツと2を彩りよく並べ、3とザクロを上に散らし、全体に1でビーツを漬けていたドレッシングをかける。

調理のコツ

ローストして甘味を引き出したビーツが主役。普通は茹でて使うが、オーブンで焼いた方が旨味を外に逃がさない。ヒカマは大根やカブに似たメキシコの根菜で、シャキシャキした食感と微かな甘みがあるのが特徴。手に入らなければ、少しかための洋梨で代用できる。ザクロを加えると一層華やかな感じになる。

Jalapeño Relleno
ハラペーニョ・レジェーノ

ハラペーニョの爆弾

チレ・ハラペーニョを揚げたおつまみで、ハラペーニョ・ボム (Jalapeño Bomb) とも呼ばれます。爆弾と呼ばれるだけあって、かなり辛い料理ですが、チレ・アバネロを使ったハバネロ・ボム (Habanero Bomb) は、さらにその上をいく辛さです。

材料(3個分)
チレ・ハラペーニョ(缶) …… 3個
フェタチーズ …… 30g
強力粉 …… 適量
溶き卵 …… 適量
自家製パン粉 …… 適量
揚げ油 …… 適量

作り方
1 チレ・ハラペーニョは縦に切れ目を入れて、ヘタが取れないよう種を取り出す。
2 フェタチーズは1cm角に切り、塩味が強いようなら軽く水にさらす。
3 1の缶詰の水気をよく取ってから2を中に詰め、爪楊枝で2か所留める。
4 3を強力粉、溶き卵、パン粉の順にまんべんなくまぶして、180℃に熱した油できつね色に揚げる。
5 ペーパータオルで油をよく切る。

調理のコツ
パン粉がはがれやすいので4の工程は特に丁寧に。パン粉の代わりに卵の衣を使ってもよい(P91上段の作り方3、4参照)。フェタチーズの代わりにクリームチーズを使ってもよい。

自家製パン粉
古くなったバゲットを約2cmの角切りにして低温のオーブンに入れ、乾燥させてからミキサーにかけた後、濾し器で濾す。

Encurtidos de Verduras
エンクルティードス・デ・ベルドゥーラス

野菜のピクルス

メキシコでは、料理の付け合わせとして登場します。通常ニンニクも入れますが、味が強すぎるのでこのレシピでは入れていません。また、ズッキーニ、小さめのジャガイモなどを入れることが多いですが、代わりにレンコン、ミョウガ、キュウリにしています。お好みで季節の野菜を入れてもよいでしょう。

材料
<野菜>
- ペコロス …… 8個
- ニンジン …… 1本
- レンコン …… 150g
- ダイコン …… 10cm分
- 赤パプリカ …… 1個
- セロリ（内側）…… 2本
- カリフラワー …… 2/3株
- ミョウガ …… 1パック
- ヤングコーン …… 1パック
- キュウリ …… 3本
- チレ・ハラペーニョ …… 3個
- ブラウンマッシュルーム … 8個

<ピクルス液>

A
- 水 …… 1.1ℓ
- 塩 …… 22g
- 砂糖 …… 26g
- 白ワインビネガー …… 220㎖
- コリアンダーシード …… 3g
- ローリエ …… 2枚

B
- チレ・ハラペーニョ缶詰の汁 …… 50㎖
- オリーブ油 …… 100㎖

作り方

1. ペコロスは皮をむく。ニンジン、レンコンは厚さ3mmの輪切り、ダイコン、赤パプリカ、セロリは長さ5cm、幅2cmに切る。カリフラワーは小房に分ける。ミョウガ、ヤングコーンは斜めに2等分にする。キュウリはピーラーで半分ほど皮をむき、縦に2等分してスプーンで種を取り除いてから長さ5cmに斜めに切る。ハラペーニョは縦に4〜6等分に切る。
2. 鍋にAとペコロス、ニンジンを入れて強火にかけ、沸騰したら弱火にして約1分煮る。
3. レンコン、ダイコン、セロリ、カリフラワーを入れて約30秒ほど煮て、赤パプリカ、ミョウガ、ヤングコーン、ブラウンマッシュルームを入れて15秒煮て火を止める。
4. 3にBを加え、鍋ごと氷水を張ったボウルに入れて冷まし、最後にキュウリとハラペーニョを入れる。

煮込み時間
メキシコでは、もう少し長い時間煮ることが多いが、このレシピは柔らかすぎないアルデンテに。好みで調節する。

Crepas de Cuitlacoche
クレパス・デ・クイトラコチェ

クイトラコチェのクレープ

フランス料理の影響を受けたクレープ料理。トウモロコシに生える黒いキノコ、ウイトラコチェ（缶詰製品はクイトラコチェ）を具にしたクレープに緑パプリカのソース（メキシコではチレ・ポブラーノを使用）をかけた鮮やかな一品です。

クレープ

材料

Ⓐ
- 卵 …… 2個
- 牛乳 …… 200㎖
- 塩 …… 1つまみ
- 薄力粉 …… 100g
- バター …… 20g

作り方

1. Ⓐをボウルに入れて泡立て器で混ぜる。ふるいにかけた薄力粉を数回に分けて入れ、だまがなくなるまで混ぜ、さらに電子レンジで溶かしたバターを加えてさっくり混ぜる。
2. 1を冷蔵庫で約1時間休ませる。
3. よく熱したフライパンに少量のバター（分量外）を溶かし、2を薄く伸ばして焼く。焦げ目が付いたら裏返して両面を焼く。

クイトラコチェフィリング

材料（1皿分）

Ⓐ
- タマネギ …… 1/4個
- ニンニク …… 1/2片
- チレ・セラーノ（または青唐辛子）…… 1本

- トウモロコシ（冷凍）…… 50g
- 油 …… 大さじ1
- クイトラコチェ（缶）…… 380g
- 鶏スープ（P60）…… 100㎖
- コリアンダー …… 少々
- 塩 …… 適量

作り方

1. Ⓐはみじん切りにし、トウモロコシは解凍する。
2. タマネギ、ニンニクを油で炒め、しんなりしてきたらチレを加える。チレの香りがたってきたらクイトラコチェ、トウモロコシ、鶏スープを加えて1、2分煮る。
3. 塩で味を調え、みじん切りにしたコリアンダーを混ぜる。

緑パプリカクリームソース

材料（1皿分）

Ⓐ
- タマネギ …… 1/4個
- ニンニク …… 1/2片
- チレ・セラーノ（または青唐辛子）…… 1本

- 緑パプリカ …… 1個
- 油 …… 大さじ1

Ⓑ
- 牛乳 …… 50㎖
- 生クリーム …… 50㎖

Ⓒ
- サワークリーム …… 50㎖
- 塩 …… 小さじ1/2

作り方

1. Ⓐはみじん切りにする。パプリカは黒くなるまで直火で炙り、皮をむき、種を取る。
2. タマネギ、ニンニクを油で炒め、しんなりしてきたらチレを加える。チレの香りが立ってきたらⒷを入れて沸かす。
3. 1のパプリカと2をミキサーにかける。滑らかになったら鍋に戻して温め、Ⓒを加えて混ぜる。

Molletes
モジェーテス

メキシコ風ブルスケッタ

バゲットにビーンズとチーズをのせ、オーブンで焼いたもの。メキシコのカフェテリアの定番メニューです。ピクニックなどの料理持ち寄りに重宝され、どちらかといえば若者に人気。隠れた主役は、豆ペースト。チーズやサルサの味を引き立ててくれます。

材料
バゲット …… 適量
豆ペースト
（P149）…… 適量
シュレッドチーズ …… 適量
サルサ・メヒカーナ
（P23）…… 適量

作り方
1. バゲットは13×2.5cmくらいの長さに斜めに切り、鉄板で軽く温め、霧吹きで軽く水をかけて少し柔らかくする。
2. 1に豆ペーストをたっぷり塗り、その上をチーズで覆う。
3. 2をオーブンかサラマンダーに入れてこんがりと焦げ目が付くまで焼く。
4. 3にサルサ・メヒカーナをのせる。

パパドゥズレス

Papadzules

パパドゥズレス

ユカタン郷土料理

メキシコ南東部ユカタン半島で古代マヤ人が食していたとされる料理です。名前の意味は、「主人の食べ物」。カボチャの種のペーストにトルティーヤを浸し、細かく砕いた茹で卵を巻いてからトマトとトウガラシのソースをかけ、赤タマネギのピクルスを添えていただきます。

材料

卵 …… 3個
トルティーヤ（P33）…… 3枚
ピピアン・ベルデ（P139）…… 300㎖
チルトマテソース …… 70㎖

鶏スープ（P60）…… 適量
タマネギのスライス、カボチャの種、
赤タマネギのピクルス …… 適量

作り方

1 卵は茹でて殻をむき、粗みじん切りにする。トルティーヤは鉄板で温めて柔らかくする。ピピアン・ベルデ、チルトマテソースをそれぞれ鍋で温める。
2 トルティーヤ1枚に約大さじ1のピピアン・ベルデを塗り、茹で卵を中央に置いて巻き、皿に並べる。茹で卵は飾り用に少し取っておく。
3 残りのピピアン・ベルデを鶏スープでのばして2にかける。
4 3の中央にチルトマテソースをかけ、その上にタマネギのスライスと茹で卵、カボチャの種を飾る。周りに赤タマネギのピクルスを盛り付ける。

調理のコツ
チレ・アバネロが入ったチルトマテソース（チレトマトのユカタン風の訛った言い方）を使うのがユカタン風。サルサ・ロハ（P51参照）で代用しても美味しくできる。

チルトマテソース

材料

A {
トマト …… 2個
タマネギ …… 1/4個
ニンニク …… 1株
チレ・アバネロ …… 1/2〜1個
}
塩 …… 3g

作り方

1 Aを全て丸ごと200℃に熱したオーブンで焼く。
2 1と塩を滑らかになるまでミキサーにかける。
3 フライパンに油少量（分量外）を熱し、2を加えて沸騰させる。

赤タマネギのピクルス

材料

赤タマネギ …… 2個
オリーブ油 …… 大さじ2
塩 …… 小さじ1
赤ワインビネガー …… 60㎖
オレガノ …… 1つまみ

作り方

1 赤タマネギは3mmくらいにスライスする。
2 鍋にオリーブ油を熱し、1を炒める。しんなりしてきたら塩を加え、赤ワインビネガーも加えて沸騰したら火を止める。オレガノを振りかけて混ぜる。

Budín Azteca
プディン・アステカ

アステカ風プディング

野菜を重ねてチーズを被せ、熱々に仕上げるメキシコ風ラザニアです。メキシコでは、カセロラ（Cacerola）と呼ばれる耐熱皿に野菜や乳製品を入れて、オーブンで焼いて仕上げる料理全般をプディンと呼びます。

材料（2人分）

トルティーヤ（P33） …… 2枚
ズッキーニ …… 1本
ホウレン草 …… 2/3束
トウモロコシ（冷凍） …… 50g
サルサ・ロハ（P51） …… 70㎖
チーズ …… 100g
揚げ油 …… 適量

作り方
1. 直径12cmの耐熱皿に合わせて、トルティーヤの大きさをハサミで整える。
2. ズッキーニは厚さ3mmに縦にスライスして塩少量（分量外）を振る。
3. ホウレン草は茹で、トウモロコシは解凍しておく。
4. ズッキーニから水分が出てきたらペーパータオルで拭き取り、フライパンに揚げ油を少しひいて中火に熱し、両面に軽く焦げ目が付くまでソテーする。
5. 4のフライパンに油を少し足して熱し、1をさっとくぐらせ、かたくなる前に引き上げる。
6. 4のズッキーニと5のトルティーヤの余分な油分をペーパータオルで拭き取る。
7. 耐熱皿にトルティーヤを敷き、サルサ・ロハの半量を塗る。
8. ズッキーニを皿の大きさに合わせて切り、半量を7の上を覆うように置く。
9. 8の上に、トウモロコシの半量、ホウレン草の半量、チーズの半量を重ねる。
10. 7〜9を繰り返す。180℃に熱したオーブンで上に焦げ目が付くまで焼く。

> 材料
> メキシコではズッキーニの花を使うが、ホウレン草で代用できる。チーズはチェダーやモンテレイジャックなどがよい。

Budín de Calabacita
プディン・デ・カラバシータ

ズッキーニ プディング

優しくクリーミーな味わいで、特に女性のリピートファンが多い料理です。19世紀半ばにフランスの統治下に置かれていた際の影響が大きくみられます。中身はズッキーニがポピュラーですが、キノコでも美味しくできます。

材料（1人分）

- ズッキーニ …… 1本
- バター …… 15g
- 卵 …… 1個
- Ⓐ
  - 生クリーム …… 150ml
  - 塩 …… 0.7g
- グリュエールチーズ …… 24g

作り方

1. ズッキーニはヘタを取って半分に切り、スライサーでごく細い千切りに。チーズはシュレッドタイプならそのまま、塊ならおろすか細く切る。
2. フライパンにバターを溶かし、1を水分がほぼ飛ぶまで炒めたら、塩をごく軽く（分量外）振ってさらに炒める。
3. ボウルに卵を割り入れ、Aを加えてよく混ぜる。
4. 3にチーズと2を入れて混ぜ、直径18cmの耐熱皿に入れて180℃に熱したオーブンで15〜20分、生地が固まって表面に焼き色が付くまで焼く。

調理のコツ

ズッキーニの水分をよく飛ばして旨味を凝縮させるのがコツ。2で塩を加えるのは、下味を付けるのと、浸透圧によって水分を出すため。

Molotes
モローテス

メキシコ版コロッケ

オアハカ州の代表的なスナック料理です。トウモロコシとポテトの生地の中身は、チョリソ、豆、チーズなど。また、メキシコ各地で様々なバージョンがあるアントヒートスのひとつです。チョリソを入れずに野菜のみでも美味しくできます。

材料（6個分）

- ジャガイモ …… 150g
- チョリソ（P110）…… 90g
- フェタチーズ …… 3g
- ソペス用マサ（P39）… 150g
- 豆ペースト（P149）…… 30g
- 揚げ油 …… 適量
- レタス …… 適量
- A
  - サルサ・メヒカーナ（P23）…… 適量
  - カッテージチーズ …… 適量
- サワークリーム …… 適量
- 牛乳 …… 適量

作り方

1. ジャガイモは皮付きのまま柔らかくなるまで茹でて皮をむき、マッシャーなどで潰して軽く塩（分量外）を振る。
2. チョリソは腸から中身を出して薄く油（分量外）をひいたフライパンで炒める。フェタチーズは塩気が強すぎるようなら軽く塩抜きして潰す。
3. 1とマサをよく混ぜて約50gのボールに丸める。
4. 3を細長く伸ばしてプレンサで楕円形に潰す。中央に豆ペーストと2を入れて閉じ、180℃の油で揚げる。
5. 4の油をよく切ってレタスの千切りを敷いた皿に盛る。Aと半量の牛乳で薄めたサワークリームをかける。

Chile Ancho Relleno con Atún
チレ・アンチョ・レジェーノ・コン・アトゥン

ツナを詰めた干しトウガラシ

ツナで作る冷やして食べても美味しい一品です。チーズのみを詰めるバージョンも人気があります。

材料

チレ・アンチョ …… 3個
オリーブ油 …… 100㎖
赤タマネギ …… 1個
ニンニク …… 2片
Ⓐ 赤ワインビネガー …… 200㎖
　水 …… 300㎖
　黒糖 …… 60g
　塩 …… 4g
ジャガイモ（メイクイーン）… 1個
グリーンオリーブ …… 6個
Ⓑ ツナ（缶）…… 180g
　ケッパー …… 大さじ1
ハラペーニョ・ドレッシング（P76）…… 適量
カッテージチーズ …… 適量

作り方

1. チレ・アンチョは縦に切れ目を入れて中の種を取り出す。熱したフライパンに入れ、スパテラで押さえつけて香りが出たら熱湯に漬けて柔らかくする。
2. オリーブ油を鍋に入れて熱し、スライスした赤タマネギとニンニクを入れて炒め、しんなりしたらAを入れて沸かす。黒糖が溶けたら火を止め、冷ます。
3. ジャガイモは皮付きのまま茹で、柔らかくなったら皮をむき、5mm角に切って軽く塩を振る。オリーブはみじん切りにする。
4. ボウルに3とBを入れてハラペーニョ・ドレッシングで和える。
5. 1に4を詰めて皿に盛り、2をかける。カッテージチーズを散らす。

チレ・レジェーノ

Chile Relleno

チレ・レジェーノ

トウガラシの肉詰め

レストランや食堂ならどこでも見かける、とてもポピュラーな料理です。大きめのチレ・ポブラーノの中にチーズまたは挽肉を詰め、卵と小麦粉の衣で揚げる手の込んだ料理。チレ・ポブラーノは、ピーマンで代用できます。

材料（1人分）

チレ・ポブラーノ …… 1個
（またはピーマン …… 大2個）
豚肉の
ピカディージョ …… 約120g
トマトソース …… 140㎖
卵 …… 3個
薄力粉 …… 大さじ1.5

作り方

1 チレ・ポブラーノは直火で表面が真っ黒になるまで焼いた後、濡れ布巾を被せて3分ほど置いて蒸らし、流水にさらしながら薄皮をきれいにむく。

2 1に縦にナイフで切れ目を入れて内側からヘタの付け根を切り取り、種をきれいに取る。中にピカディージョを詰める。

3 卵を卵白と卵黄に分け、卵白を角が立つくらいに泡立てる。卵黄を1個ずつ加え、その都度よく混ぜる。ふるった薄力粉を混ぜる。

4 2に軽く薄力粉（分量外）を付けて3の中に入れる。全体に卵の衣を付けたら竹串を刺して、180℃の油で揚げる。

5 皿にトマトソースを敷いて4をのせる。

豚肉のピカディージョ
Picadillo de Cerdo ／ピカディージョ・デ・セルド

材料

豚肩ロース …… 500g
Ⓐ｜タマネギ …… 2/3個
　｜ニンニク …… 1片
油 …… 大さじ2
ホールトマト
　…… 500g（汁含む）
シナモン …… 1本
塩 …… 7〜8g
赤ワインビネガー … 小さじ1
アーモンド …… 40g
レーズン …… 40g
クローブ …… 4個

作り方

1 豚肩ロースは0.5mm角に切る。

2 大鍋に油を熱し、粗みじん切りにしたAを中火で炒める。しんなりしてきたら1を加えて強火にし、ほぐれるまで完全に火を通す。肉汁が出すぎないよう、肉を加えたらあまりかき混ぜないようにする。

3 ホールトマトを潰して加え、シナモン、塩と赤ワインビネガーも入れて汁気がほぼなくなるまで煮る。

4 アーモンドを粗く潰して入れ、レーズンを加える。

5 クローブ、黒コショウ（分量外）を砕いて加える。

トマトソース
Salsa de Jitomate ／サルサ・デ・ヒトマテ

材料

Ⓐ｜トマト …… 3個（500g）
　｜タマネギ …… 1/3個
　｜ニンニク …… 2片
Ⓑ｜青唐辛子 …… 1/2本
　｜塩 …… 3g
油 …… 小さじ1

作り方

1 Aは200℃に熱したオーブンで焼いた後、トマトは皮をむいて、ヘタを取り、ニンニクは皮を取る。

2 1とBをミキサーに入れ滑らかなピュレ状にする。

3 フライパンに油を熱し、充分熱くなったら2を入れ、約10秒炒める。

チレス・エン・ノガーダ

Chiles en Nogada

チレス・エン・ノガーダ

トウガラシの肉詰めクルミソースがけ

8月下旬からメキシコ独立記念日（9月16日）に食べる、メキシコ国旗の色にあしらったプエブラ州の修道女による創作料理です。辛さと甘みが複雑に絡み合う繊細な味わいで、穫れたてのザクロやクルミが手に入る、旬の味を大事にした季節料理でもあります。

網の上で焼いた後、焦げ目が付くまで焼いてから薄皮をむく。

調理のコツ

メキシコではチレ・ポブラーノを使うが、手に入らなければ大きいピーマンで代用。イタリアンパセリではなくコリアンダーが使われることもある。日本人にメキシコのレシピは少し甘めと感じられることが多いので、入れる果物を、桃とレーズンだけと控えめにし、詰め物にしっかりと味を付ける。ソースは、クルミとチーズの味のバランスを保つようにする。クルミの薄皮をきれいにむくのは大変なので、クルミをお湯でふやかしておくとよい。
メキシコの大ヒット映画の原作本『赤い薔薇ソースの伝説』の最終章に、主人公の結婚式の披露宴のために、この料理を作る場面があるが、「クルミは一人前に4個。クルミを覆う薄い茶色い皮を丁寧にむかないと、ソースが台無しになる」という助言が。

材料

チレ・ポブラーノ …… 1個
（またはピーマン …… 大2個）

＜ピカディージョ＞

Ⓐ タマネギ …… 1/4個
　 ニンニク …… 1/2片

豚挽肉 …… 200g
ホールトマト（缶）…… 200㎖（実のみ）

Ⓑ シナモンスティック …… 1/2本
　 クローブ（砕く）…… 2個

Ⓒ スライスアーモンド …… 20g
　 レーズン …… 20g

桃（ネクタリン）…… 半個

塩コショウ …… 適量

＜ソース＞

クルミ …… 250g

Ⓓ サワークリーム …… 500g
　 クリームチーズ …… 250g
　 牛乳 …… 300㎖
　 塩 …… 5～6g
　 砂糖 …… 5g

卵 …… 3個
薄力粉 …… 大さじ1.5
ザクロ …… 1個
イタリアンパセリ …… 2枝

作り方

1. Aを粗みじんに切り、油（分量外）で炒めて、しんなりしたら豚挽肉を加え、強火でさらに炒める。
2. 豚肉に火が通ったら、潰したホールトマトを加え、Bを入れて水分が蒸発するまで中火で煮る。
3. 2にCと1cm角に切った桃を加えて火を止め、塩コショウで味を調え冷ます。
4. チレ・ポブラーノは炎で炙り、外側を焦がしてから、濡れたタオルに包んで少し蒸らした後、水にさらして薄皮をむく。縦に切れ目を入れて中の種を取り出す。
5. クルミはお湯で約1分茹でてから冷まし、薄皮をきれいにむく。
6. 5をミキサー（またはフードプロセッサー）に入れ、滑らかなソース状にする。
7. 4に3を詰める。
8. 卵を卵白と卵黄に分け、卵白を角が立つくらいに泡立てる。卵黄を1個ずつ加え、その都度、よく混ぜる。ふるった薄力粉を加え混ぜる。
9. 7に軽く薄力粉（分量外）を付けて8の衣にくぐらせて竹串を刺し、180℃の油で揚げる。
10. 9を皿に置き、温めた6をたっぷりかける。ザクロをむき、取り出した果実とイタリアンパセリを散らす。

COLUMNA
祝祭日の
特別な伝統料理

メキシコの主な行事や食に関わるお祭り、またそれらにちなんだ料理の数々をご紹介します。

フェスティバル・カレンダー
メキシコ各地で行われる様々な食にまつわるお祭り

● イチゴ祭
（フェリア・デ・ラス・フレサス／Feria de las Fresas）
グアナファト州イラプアト（Irapuato）はイチゴの産地で有名。3月の最初の3週間はイチゴ製品などを味わい、購入できるフェリアが開催される。

● ワインとチーズ祭
（フェスティバル・デ・ビノ・イ・ケソ／Festival de Vino y Queso）
3月にはユカタン州のリビエラ・マヤで、4月にはメキシコ市のサン・アンヘル地区で、5月にはケレタロ州のテキスキアパン村でも行われる。

● テキーラ祭
（ビバ・エル・テキーラ・ラ・フェリア・デ・メヒコ／Viva el Tequila, la Feria de México）
グアダラハラで5月に10日間にわたって開催されるテキーラ祭り。

● バルバコア祭
（フェリア・デ・ラ・バルバコア／Feria de la Barbacoa）
イダルゴ州アクトパン（Actopan）村で7月に約10日間にわたって祝われるバルバコア（羊の蒸し焼き）のフェリア。

● ブドウ収穫祭
（フィエスタス・デ・ラ・ベンディミア／Fiestas de la Vendimia）
7～9月にかけて、各ワイナリーでブドウの収穫祭が開催。

● ゲラゲッツア祭
（ゲラゲッツア／Guelaguetza）
オアハカ地方で行われる祭りで、サポテカ語で助け合いを指し、元々はトウモロコシの豊作を祈る祭りだった。オアハカ各地から民族舞踊を踊り、最後に特産品を客席に投げ入れる。メスカルのフェリアも同時に行われる。

● リンゴ祭
（フェリア・デ・ラ・マンサナ／Feria de la Manzana）
プエブラ州のサカトラン（Zacatlán）村で8月に開催されるリンゴの収穫祭。

● モレ祭
（フェスティバル・ナシオナル・デ・モレ／Festival Nacional de Mole）
10月の頭から3週間、モレで有名な小さな町、メキシコ市の南にあるサン・ペドロ・アクトパン（San Pedro Atocpan）村では、毎年行なわれるモレ祭。メキシコ各地の様々な種類のモレを味わえる祭り。

1月6日
東方三賢人の日
ディア・デ・ロス・トレス・レジェス・マゴス
Día de Los Tres Reyes Magos

　ロスカ・デ・レジェス（Rosca de Reyes）と呼ばれる菓子パンを家族や職場のみんなでシェアして食べる習慣があります。パンの中には、ヘスシート（Jesusito）と呼ばれる幼いイエス・キリストの姿をした小さな白い人形がいくつか入っていて、その人形が当たった人は、幸運に恵まれるといわれています。さらに2月2日の聖燭祭の日（ディア・デ・ラ・カンデラリア／Día de la Candelaria）に、参加者全員へタマーレス（P35参照）をご馳走しなければならないしきたりになっています。
　ロスカは、メキシコ全国のパン屋や洋菓子店で販売され、1月初め頃から売られています。また、三賢人がイエス・キリストの誕生に祝いの品を贈ったことから、子ども達はおもちゃのプレゼントがもらえる嬉しい日となっています。

ロスカ・デ・レジェス
Rosca de Reyes

大きな輪のかたちをしたパン。丸い輪になっているのは、幸せが終わりなく続くようにとの願いが込められている。緑・白・赤を中心にイチジクやオレンジピール、シトロン、クルミなどのドライフルーツの砂糖漬けや、アテ（Ate）という羊羹のような菓子でカラフルに飾られ、さらにバターや卵がたっぷり入っていて甘い。ホット・チョコレートやアトレなどと一緒に食べるのが定番。

1 パン・デ・ロスカ（Pan de Rosca）とも呼ばれる。大きさも直径10～80cmくらいのものまで様々。2 仕事、愛など、何に運が向いているかが書いてあったりすることも。

94

独立記念日

9月16日

ディア・デ・ラ・インデペンデンシア
Día de la Independencia

8月後半から約1か月間を愛国月間として、メキシコ中が国旗カラーに彩られます。独立記念日前日の9月15日の夜は、ノチェ・メヒカーナ（Noche Mexicana）と呼ばれ、各都市の中心部にある広場では「メキシコ万歳（ビバ・メヒコ／¡Viva México!）」の大歓声が響き渡ります。両日共に家族で集まって祝うのが慣例です。

1. メキシコ国旗カラーで飾られた独立記念日当日のポソレ専門店。
2. 各家庭の食卓も国旗カラーで飾ってお祝いムードを満喫。

チレス・エン・ノガーダ
Chiles en Nogada

旬のザクロやクルミを使う、このシーズンのみに食べる特別な料理です（P93参照）。

チレス・エン・ノガーダの作り方手順

1. 市場で揃えた新鮮な桃、リンゴ、コリアンダー。 2. この時期が旬のザクロ。 3. 牛乳、パン粉、レーズン、アーモンド、チーズ、バター、クルミなど。 4. チレ・ポブラーノを焼く。 5. 皮を丁寧にむく。 6. 中に詰める具に火を通し、ソースをかける。 7. フルーツと挽肉を混ぜる。 8. 上にかけるソースを作る。 9. 具をチレ・ポブラーノに詰める。 10. できあがり！

ポソレ
Pozole

一年中いつも愛されている料理だが、独立記念日当日に食べるご馳走にもなる（P67参照）。

死者の日

11月1・2日

ディア・デ・ロス・ムエルトス
Día de los Muertos

毎年10月中旬頃から11月2日まで、死者の日のお祭りを祝います。この慣習は先住民文化とキリスト教文化の融合を象徴する祭事として、2008年にユネスコの世界無形文化遺産に登録されています。もともとアステカ文明で死の女神に死者の霊を祈る習慣があったものが、スペイン植民地時代にキリスト教の諸聖人の日と融合され、現在の日程となりました。この時期は、死者を迎えるために、墓や市街地はカラフルに飾られ、ガイコツの人形やお菓子、死者のパンが売られます。

死者の日は、メキシコ全土で行われますが、特にミチョアカン州のパツクアロ湖に浮かぶハニッツィオ島、メキシコ市のサン・アンドレス・ミスキック村では一晩中明かりを灯して死者を偲ぶことで有名です。アグアスカリエンテス州ではガイコツ祭（フェスティバル・デ・カラベラス／Festival de Calaveras）、またオアハカなど先住民文化の色濃く残る地方でも盛んに祝われます。

11月1日は子どもの魂が、2日は大人の魂が戻る日とされます。グラジオラスなど白い花は子どもの死者のため、黄色いマリーゴールド（センパスチル／Cempasúchil）の花は大人の死者が道を見失わないようにするために飾られます。家族や友人たちが集まり、亡くなった家族へ思いを馳せます。

供え物 (オフレンダ／Ofrenda)
故人の遺影やロウソク、切り絵（パペル・ピカード／Papel Picado）にマリーゴールドやグラジオラスの花などを祭壇に飾る。食物は死者のパン、カボチャを黒砂糖で甘く煮たお菓子、ガイコツをかたどったお菓子、またはヒカマやサトウキビ、果物類、アトレやテキーラなど飲みものも供えられる。モレなどの食事やタバコが供えられることもある。各家庭の居間などに飾られ、街の中心部の公園や教会、学校などでコンテストも開かれる。

サン・アンドレス・ミスキック (San Andrés Míxquic)
通称ミスキックと呼ばれ、メキシコ市の南に位置する小さな村。ミスキックは死者たちの場所という意味で、スペイン侵略以前は、埋葬の祭式が行われる中心地として死の女神（ミキストリ／Miquiztli）を敬い、紛争の捕虜の生贄の儀式をする場所だった。

ハニッツィオ島 (Isla de Janitzio)
ミチョアカン州パツクアロ湖に浮かぶ小さな島。プレペチャ（タラスコ）族の人々が多く住む。彼らの伝統的歌謡「ラ・ピレクア」も2010年にユネスコの世界無形文化遺産に登録されている。

砂糖菓子
アルフェニーケ／Alfeñique

アーモンドオイルで練った砂糖で作られたお菓子。頭蓋骨の飾りは、アルフェニーケ・カラベラ（Alfeñique Calavera）と呼ばれ、祭壇に飾る。額部分に名前を入れることもある。

死者のパン
パン・デ・ムエルト／Pan de Muerto

丸い形のパンに手の骨をかたどった飾りが施された、砂糖をまぶした柔らかくて甘いパン。ゴマやクルミを使ったり、生クリームをサンドしたものもある。伝統的なものとしては、マリーゴールドを煎じたアグア・デ・センパスチル（Agua de Cempasúchil）や、オレンジの花のエッセンス、アサアール（Azahar）を加えた生地で作るパンもある。

カボチャの甘煮
ドゥルセ・デ・カラバサ／Dulce de Calabaza

この時期だけ市場で売られるカボチャを黒砂糖（ピロンシージョ／Piloncillo）で煮たお菓子。サツマイモの甘煮もある。

1. 死者のパン、アルフェニーケ・カラベラ、タバコなどが飾られたレストランの祭壇。
2. ハニッツィオ島の墓地で一晩中祈る人々。

12月16〜24日 ポサーダス
Posadas

12月16日から24日までの9日間にかけ行われる、ヨセフとマリアがベツレヘムでお産のための宿（ポサーダ／Posada）を求めて家から家を訪ね歩いたことに由来する行事です。夜になると、友人同士や隣人、家族や親族で集い、巡礼者を模してロウソクを持ってポサーダスの歌を歌いながら行列を作り、近所の家々や庭の中を歩き回ります。「どうか、一夜の宿を」と頼んで、初めは拒まれますが、神の子が生まれそうだと説得されて、最後は門を開けるというものです。

ピニャータ（Piñata）と呼ばれるくす玉に果物やキャンディなどを詰めて吊り下げ、目隠しをした人が棒で叩いて落とし、皆で取り合って食べます。ピニャータは子どもの誕生日パーティでもよく使われますが、紙製で中身もお菓子のみなことが多いのに比べ、ポサーダスの場合は、陶製で期間中使い回し、また七つの大罪を表すツノがあるのが特徴です。

町中にクリスマスツリーやナシミエント（Nacimiento）と呼ばれるキリスト生誕の場面を模した馬小屋の模型が飾られます。

ポンチェ
Ponche

この時期に飲まれる香り高いホットドリンク。サンザシの木になる果物テホコテ（Tejocote）、タマリンド、グアバ、オレンジ、リンゴ、サトウキビなどの果物に、ピロンシージョ、シナモン、クローブなどスパイス、ハイビスカスの花を加えて煮込み、好みで赤ワインやテキーラ、ラム酒なども足す。大きな鍋いっぱいに作り、ポサーダに来た人々に振る舞われるが、この時期は街角の屋台やスタンドでも売られる。

1. 街角で大鍋にたっぷりのポンチェ売りのスタンド。ポンチェにゴロゴロと入ったフルーツも食べられる。 2. トウモロコシの皮でできたナシミエント。

12月24日 聖夜
ノチェ・ブエナ
Noche Buena

クリスマスイブの夜は、家族で集まり、リンゴとビーツ、ヒカマで作ったサラダや七面鳥の丸焼き（パボ・ナビデーニョ／Pavo Navideño）を食べます。デザートはブニュエロと呼ばれる平べったいお菓子が定番です。七面鳥（Pavo）は街の鶏屋でも焼いてくれます。また、リンゴの発泡酒シドラ（Sidra）も飲みます。

ちなみに、12月31日の大晦日（Noche Vieja／ノチェ・ビエハ）は家族や親族が集まり、ディナーが正餐となりますが、0時の鐘が鳴ると12粒のブドウを食べて幸せを祈ります。

1. 左はクリスマスイブのサラダ、右はタラのクリオール風、手前がロメリートスをモレで煮たもの。 2. クリスマスの家庭料理をいくつか取り分けたもの。 3. 七面鳥の丸焼きがのせられたクリスマスイブのパーティ準備の様子。

パボ・ナビデーニョ
Pavo Navideño

七面鳥の中にナッツやドライフルーツなどを入れて、オーブンで丸焼きにした料理。豚ヒレ肉の塊を焼く、ロモ・ナビデーニョ（Lomo Navideño）もある。

バカラオ・ア・ラ・ビスカイーナ
Bacalao a la Vizcaína

スペインのバスク地方、ビスカヤ風の料理。塩タラをジャガイモやオリーブとトマトソースで煮込み、仕上げにアーモンドのスライスやパセリを加えた料理。

ロメリートス・コン・トルティータス・デ・カマロン
Romeritos con Tortitas de Camarón

ロメリートスと干しエビのすり身団子をモレで煮込んだ料理。

エンサラーダ・デ・ノチェブエナ
Ensalada de Nochebuena

クリスマスイブのサラダ（P79参照）。

ブニュエロ
Buñuelo

クリスマスなどによく食べる揚げ菓子（P177参照）。

ポンチェ・ナビデーニョ
Ponche Navideño

ホットクリスマスパンチ（P185参照）。

Text & Photo: Shida Mie

Recetas

5

肉料理

CARNES

カルネス

タコスなどアントヒートスでも欠かせない肉料理ですが、こちらではメイン料理（プラトス・フエルテス／Platos Fuertes）を紹介します。

牛・豚・鶏の精肉は、新鮮で安いものが手に入り、メキシコの食卓に欠かせません。特にソノラ州は、メキシコでも美味しい牛肉の畜産地帯として知られ、非常に広大です。

メキシコで豚料理として有名なのは、中部高原地帯のカルニータス（Carnitas）、ユカタン半島のコチニータ・ピビル（Cochinita Pibil）など。鶏肉は、主に胸肉をよく使います。また、モレ料理にもよく使用されるメキシコ原産の七面鳥（パボ／Pavo、グアホローテ／Guajolote）もよく食べられ、特にクリスマスの前後には、スーパーマーケットに3〜8kgもある冷凍品が大量に出回ります。七面鳥の胸肉ハム（ペチューガ・デ・パボ／Pechuga de Pavo）など、ハムやソーセージ、ウインナーに加工されたものも人気です。

バルバコア（Barbacoa）などで仔羊（コルデロ／Cordero）、ビリア（Birria）などでヤギ（チボ／Chivo）の肉も比較的よく食べられます。イダルゴ州などでは、ウサギの肉（コネホ／Conejo）も食されます。その他、それほど一般的ではありませんが、アヒル（パト／Pato）、カエル（ラナ／Rana）、ウズラ（コドルニス／Codorniz）、ヤマウズラ（ペルディス／Perdiz）も食されます。

1. レストランでは人気のTボーンステーキ。2.3. 豚ロース肉のマリネ、ロモ・アドバード (Lomo Adobado)(P107参照)。4. イダルゴ州やプエブラ州、トラスカラ州の郷土料理、ミショーテ (Mixote)。トウガラシで味付けした仔羊などの肉を竜舌蘭の芯からとれる薄い膜で包み、蒸したもの。レストランではクッキングシートなどで代用。5.6. ティンガ・デ・ポヨ (Tinga de Pollo)。茹でた鶏肉を細く裂いてからトマトとトウガラシのソースで煮込んだもの (P46参照)。

99

カルネ・アサーダ

Carne Asada

カルネ・アサーダ

メキシカンステーキ

牛肉をグリルしたシンプルな料理です。日本とメキシコの自由貿易協定締結により、質の高いメキシコの牛肉が比較的安価に手に入るようになりました。このレシピではメキシコ北部のソノラ州の牛肉を使っています。

材料（1皿分）

牛ロース肉 …… 240g
葉タマネギ …… 1、2個
（以下各適量）
ライム（くし型）
トルティーヤ（P33）

Ⓐ 豆ペースト（P149）
グアカモレ（P26）
サルサ・メヒカーナ（P23）
サボテンのサラダ（P78）

作り方

1 牛ロース肉を室温に戻す。葉タマネギは一番外側の皮をむく。

2 グリルパンを熱して刷毛でサラダ油（分量外）を塗る。充分に熱くなったら火を弱めて葉タマネギの球根の部分をのせ、ボウルで蓋をしてじっくり蒸し焼きにする。

3 2の球根に火が通ったら葉の部分もグリルパンにのせ、火を強めてさっと炙る。火が通ったら取り出して塩（分量外）をさっと振る。

4 グリルパンを再び強火にして肉をのせる。中火に落として角度を変えて焼いて両面に好みの焼き色を付ける。

5 Ⓐを盛った皿に4の肉をのせる。ライムと3を添える。

6 たっぷりの温かいトルティーヤを添える。

小タマネギのグリル

タコス店で定番の葉付きの小さなタマネギ、セボジータ（Cebollita）は、グリルした肉料理の付け合わせとしてとても人気。日本では早春の時期だけ「オニオンヌーボー」という名で出回る葉タマネギで代用できる。じっくりと火を通すと、香ばしい外側と甘い中の部分があいまってなんとも美味。

バルバコア

Barbacoa

バルバコア

仔羊の蒸し焼き

メキシコでは日曜日に食べることが多いハレの料理。このレシピでは、トウガラシとハーブで一晩マリネした骨付きの仔羊のモモ肉を柔らかくなるまで蒸し焼きにしています。調理の過程で出る肉汁から作ったスープと、好みのサルサを添えてトルティーヤでタコスのようにしていただきます。

材料（15皿分）

仔羊モモ肉骨付き …… 3.6kg
チレ・グアヒーヨ …… 40g

Ⓐ
　ニンニク …… 3片
　クローブ …… 4個
　オレガノ …… 2つまみ
　テキーラ …… 50㎖
　塩 …… 12g

Ⓑ
　ヒヨコ豆 …… 100g
　水 …… 1.8ℓ
ローリエ …… 10枚
ニンジン …… 1本
インゲン …… 100g
好みのサルサ、ライム …… 適量

作り方

1. 仔羊モモ肉は2か所ある関節からナイフを入れて5つの塊に切り分け、竹串などを刺して味が染みやすいようにする。
2. チレ・グアヒーヨはヘタと種を取り除いてフライパンで軽く焼いてお湯で戻す。
3. Aと2をミキサーに入れ、刃が回るように2の残り湯も入れて滑らかなペースト状にする。
4. 3に1を漬けて一晩置く。
5. 圧力鍋にBを入れて、その上に蒸し器をセットする。4の肉ひと塊ごとにローリエ2枚を入れてアルミホイルで包み、蒸し器に置く。
6. 鍋の蓋を閉め、約2時間加熱する。
7. 鍋から肉を出し、骨を外して粗くほぐす。味見して塩（分量外）を調節する。
8. 鍋の底にたまった肉汁を別の鍋に移し、さいの目に切ったニンジンも入れて沸かす。表面に浮いてくる脂をすくいながらニンジンに火が通るまで中火で煮る。
9. 8に約1cmに切ったインゲンも加え、火が通ったら塩味を調節して火を止める。
10. 9をスープ皿に入れ、好みでコリアンダー（分量外）とタマネギ（分量外）の粗みじん切りも入れる。7を皿に盛り、サルサとライムを添える。

バルバコア

本来は、地下に掘ったかまどで竜舌蘭の葉に包んだ肉を一晩低温で蒸し焼きにして作る超スローフード。このレシピでは、短時間でできるよう圧力鍋を使う。
この調理法は先スペイン期から行われていて、アメリカ大陸の鹿、七面鳥、ウサギ、アルマジロなどが調理されていた。現在は、メキシコ北部では牛、中央部では仔羊やヤギ、南部では豚が多く使われている。
バルバコアという名前はカリブの先住民、タイノ族の言葉からきたなど諸説ある。日本やアメリカで行われているバーベキューの名前はここからきているが、薄く切った肉をグリルで焼くスタイルは本来のものとは大きく異なる。ピットと呼ばれる専用のオーブンに塊の肉を入れて長時間かけて低温調理されるアメリカ南部式のバーベキューは、バルバコアに近いスタイル。
メキシコのバルバコアはイダルゴ州やメキシコ州が特に有名で、この辺りは竜舌蘭の蜜を発酵させて造る醸造酒、プルケも多く造られているので、このプルケを使ったサルサ・ボラーチャ（P24参照）が添えられることが多い。

Barbacoa
Recetas

コチニータ・ピビル

Cochinita Pibil

コチニータ・ピビル

豚肉の蒸し焼き

ユカタン半島の代表的な料理で、肉を一晩漬けてから、バナナの葉で包んで蒸し焼きにします。コチニータは子豚を意味するスペイン語、ピビルはかまどを意味するマヤ語です。ポヨ・ピビルという同じ調理法の鶏肉料理（P48参照）もあります。

材料（15皿分）

豚肩肉（ウデ肉）…… 2〜2.5kg
バナナの葉（約30×20cm）

A｜豆ペースト（P149）
　｜赤タマネギのピクルス（P85）
　｜サルサ・デ・チレ・アバネロ（P25）
ライム、トルティーヤ（P33）…… 適量

＜ピビルペースト＞

　｜オレンジジュース …… 60㎖
B｜ライムジュース …… 30㎖
　｜赤ワインビネガー …… 30㎖
ニンニク …… 1片
C｜アチオテ・ペースト …… 50g
　｜塩 …… 小さじ2

作り方

1 Bをボウルに入れ、ニンニクをすりおろして加える。Cも加え、泡立て器で混ぜて溶かす。アチオテは溶けにくいので、少しくらいダマが残っていても構わない。

2 豚肩肉を7、8cmの塊に切って1のピビルペーストに漬け、一晩置く。

3 ココット鍋（ここでは31cmのストウブ社製の楕円形のものを使用）に2を詰め、200℃に熱したオーブンに約2時間入れる。

4 脂が多く浮いていたらレードルで適宜取り除く。肉に竹串を刺してすっと入るくらい柔らかくなったら、木べらやトングなどで細く裂く。

5 バナナの葉を直火でさっと炙って柔らかくする。アルミホイルの上に葉を置き、その上に4を約130g置き、タマールの要領で畳む（P34参照）。

6 5をアルミホイルで包んで200℃に熱したオーブンに入れ、バナナの葉の香りがしてくるまで焼く。

7 皿にAとくし型に切ったライムを盛り、6を置き、温かいトルティーヤを添える。

コチニータ・ピビル

この地方独特のスパイスである、ユカタン半島に生育するアチオテ（Achiote）という樹の赤い実をすりつぶしてオレンジと混ぜたものでマリネした豚肉をバナナの葉で包んで、地面に掘った穴の中で焼いた石で蒸し焼きにする、というもの。灼熱の大地を自然のかまどとして利用し、自然のバナナの葉を食材を包む調理器として利用する。昔の人の生活の知恵は、とてもエコで素晴らしい。

また、昔は子豚を丸ごと蒸し焼きにした。ユカタン半島はカリブ文化圏に含まれる。カリブの島々では子豚の丸焼きがご馳走として振る舞われることが多い。一方、この料理は、メキシコ全土に広がるバルバコア（P103参照）のユカタン版ともいえる。メキシコ、カリブの両文化圏が重なる地理的な特徴がうかがえる。

Birria
ビリア

ハリスコ風仔羊のシチュー

テキーラで有名なハリスコ州の名物料理で、本来はテキーラの材料である竜舌蘭の葉でヤギの肉やマトンを包んで、地下に掘った穴で長時間蒸し焼きにして作ります。このレシピでは仔羊を使い、マリネ液にテキーラを入れて代用しています。

> **調理のコツ**
> 蓋が重くてぴったり密閉できるココットを使うと肉がしっかり蒸し煮されてしっとりと柔らかく仕上がる。サルシータではフランスのストウブ社の31cmオーバルタイプのものを使用している。

材料（10皿分）

仔羊モモ肉（骨なし）…… 約2.4kg

<マリネ液>
- A
  - チレ・アンチョ …… 30g
  - チレ・グアヒーヨ …… 30g
- タマネギ …… 1/2個
- ニンニク …… 1/2株
- トマト …… 2個
- B
  - 赤ワインビネガー …… 60㎖
  - クローブ …… 4個
  - クミン …… 3g
  - オレガノ …… 2つまみ
  - テキーラ …… 100㎖
  - 塩 …… 30g

<仕上げのスープ>
- C
  - 鶏スープ（P60）…… 1ℓ
  - 水 …… 1ℓ
  - ホールトマト …… 600g
  - タイム …… 3、4枝
  - ローリエ …… 3枚

<トッピング> 各適量
- D
  - タマネギ（粗みじん切り）
  - コリアンダー（粗みじん切り）
  - ライム（スライス）

作り方

1. マリネ液を作る。Aはヘタを取って開き、種も取り除いてフライパンで軽く焼いてから、お湯に浸してふやかす。タマネギは1cmの厚さに切る。
2. ニンニクとトマトは丸ごと200℃に熱したオーブンで焼き、軽く焦げ目が付いて柔らかくなったら取り出し、皮を取る。
3. 1と2、Bを滑らかになるまでミキサーにかける。
4. 仔羊モモ肉は4等分に切って3に漬け込み、一晩置く。
5. 4をマリネ液ごとココットに入れ、200℃に熱したオーブンで約2時間焼く。
6. 肉が充分に柔らかくなったら取り出し、適当な大きさに裂く。
7. ココットに残った汁を鍋に移し、Cを加えて沸かし、6を入れて約20分煮る。味見をして足りないようなら塩（分量外）を足す。
8. 器に入れ、Dを添える。

Lomo Adobado

ロモ・アドバード

豚ロース肉のアドボ

ロモはロース肉、アドバードは漬け込んだという意味。肉を保存するため、スパイスや酢を利かせた漬け汁（アドボ／Adobo）でマリネしたのが始まりの定番料理です。味わいは日本の照り焼きに似ていて、どこか懐かしい感じがします。

材料（1皿分）

豚ロース肉 …… 1枚（180g）
マリネペースト …… 適量
A
- ジャガイモ（できれば小さい新ジャガ）…… 2個
- インゲン …… 2本

作り方

① 肉は、焼いた時に縮まないように筋に切れ目を入れ、マリネペーストに約2時間漬ける。Aは各々柔らかくなるまで茹でる。
② 1の肉を取り出し、余分なマリネペーストを紙ナプキンなどで落とす。フライパンに油（分量外）をひいて熱し、やや弱めの中火で焼く。焦げやすいので注意。
③ 肉の表面にうっすらと脂が浮いてきたら、フライパンの余分な油を捨て、少量のマリネペーストをスプーンなどで肉に絡ませる。
④ 肉をフライパンから取り出し皿に盛る。同じフライパンに適当な大きさに切ったジャガイモを入れて残った肉汁を吸わせて皿に移す。インゲンを添える。

アドボ

元宗主国のスペインや同じくスペインの植民地であったフィリピンにも、肉をマリネして焼く同じ名前の料理がある。メキシコではトウガラシを使うところ、スペインではパプリカ、フィリピンではアナトーシード（アチオテ）が使われる。ちなみにこのマリネペーストはローストチキンに使っても美味しい。

マリネペースト（アドボ）

材料

チレ・アンチョ …… 50g
トマト …… 1個
タマネギ …… 1/2個
ニンニク …… 2片
A
- 赤ワインビネガー … 50㎖
- クミン …… 3g
- オレガノ …… 2つまみ
- 砂糖 … 15g　塩 … 30g

作り方

① チレ・アンチョはヘタを取って開き、種を取って油（分量外）で揚げてからお湯に浸してふやかす。タマネギは1cmの厚さに切る。
② ニンニクはオーブンで焼き、軽く焦げ目がついて柔らかくなったら取り出し、皮を取る。
③ 1と2、Aを1の残り湯を少し足してから滑らかになるまでミキサーにかける。

Albóndigas
アルボンディガス

メキシコ風ミートボール

チレ・チポトレのコクのある辛さがアクセントとなるメキシコ風ミートボール。アロス・ブランコ（P145参照）にもとてもよく合います。

材料（6皿分）

A
- タマネギ …… 1個
- ニンニク …… 2片

合挽肉 …… 700g

B
- パン粉 …… 30g
- 卵 …… 1個
- 牛乳 …… 30㎖
- 炊いたご飯（またはアロス・ブランコ、P145）…大さじ2

C
- ミント …… 2枝
- 塩 …… 10g
- ブラックペッパー …… 少々

サラダ油 …… 大さじ2

D
- ホールトマト …… 450g（汁含む）
- チレ・チポトレ（缶）…… 2個
- チポトレ缶の汁 …… 大さじ1

鶏スープ（P60）…… 450㎖
ズッキーニ …… 1本

E
- クミン …… 小さじ1/4
- オレガノ …… 1つまみ

作り方

1. Aは細かいみじん切り、Cのミントは粗めのみじん切りにする。
2. ボウルに、合挽肉とAの半量、Bを入れて粘り気が出るまで手でこねる。
3. 2にCを加え、全体が混ざるまでさらにこねる。
4. 鍋に油を熱し、Aの残りを入れてしんなりするまで炒める。
5. Dをミキサーにかけて滑らかにして4に加え、鶏スープも加えて沸騰させる。
6. 3を1つ約35gのボールに丸めて5に入れる。火を弱めて約30分煮る。途中、脂が浮いてきたら適量をすくい、煮汁が少なくなったら水を補う。
7. 6にEと適当な大きさに切ったズッキーニを入れ、火が通るまで煮る。
8. ウスターソース（分量外）を隠し味で入れる。味見して塩分を調節。
9. 皿に移し、好みで粉チーズ（分量外）をかける。

Burritos de Chilorio

ブリートス・デ・チロリオ

シナロア州の名物料理

豚肉をトウガラシ入りソースでじっくり、とろとろになるまで柔らかく煮てからほぐしたメキシコ北西部シナロア州の名物料理チロリオ。小麦粉のトルティーヤで具を巻いたものはブリートス（Burritos）と呼ばれ、具は、牛肉をトウガラシと煮て細く裂いたものもよく使われます。「ブリトー」はこれの発展形です。

調理のコツ

肉を長時間蒸し煮にする時は、蓋に重しをして煮汁が鍋から蒸発しないようにする。作り方4は焦げやすいので注意して。

材料

豚肩ロース …… 2kg
チレ・アンチョ …… 45g
A ┃ 塩 …… 17g
　 ┃ ローリエ …… 2枚
B ┃ ニンニク …… 3片
　 ┃ 赤ワインビネガー …… 90㎖
C ┃ クミン …… 小さじ1/2
　 ┃ オレガノ …… 2つまみ
小麦粉のトルティーヤ …… 3枚

シナロア州

エビ料理も有名で、生の海老をライムと塩、チレ・セラーノでしめてキュウリと和えた「アグアチレ」、有頭エビに切れ目を入れてチーズを挟み、ベーコンで巻いてソテーした「クリアカン風」なども定番。

作り方

1. チレ・アンチョは種とへたを取りお湯に約15分浸けて柔らかくしておく。
2. 5cm角に切った豚肩ロースを直径30cmの平鍋に並べ、ひたひたの水（約500㎖）を入れる。Aも加えて蓋をし、その上に鍋などで重しをして火にかける。最初は強火で、沸騰したら中弱火にして約75分煮る。
3. 1とB、2の煮汁を適量加えてミキサーにかけ、ピュレ状にする。
4. 3を2の鍋に入れ、再び火にかける。Cも加えて蓋をしてさらに約15分煮る。
5. 肉が充分に柔らかくなったら火を止め、木べらなどで細かく裂く。塩味を調整する。
6. 5を40gずつ、温めた小麦粉のトルティーヤで巻く。好みのサルサとグアカモレ（P26参照）を添える。

小麦粉のトルティーヤ　Tortilla de Harina ／トルティーヤ・デ・アリナ

材料（22枚分）

A ┃ 薄力粉 …… 340g
　 ┃ 塩 …… 4g
　 ┃ お湯 …… 150㎖
B ┃ ラード（またはサラダ油）… 90㎖

作り方

ボウルにAを入れて混ぜBを入れてこねる。生地がまとまったらラップに包み、冷蔵庫で約1時間休ませる。1個26gのボールにし、大理石板（または冷たい台）の上に置き、麺棒で約16cmの円形に伸ばし、250℃の鉄板で両面がふっくらと膨らむまで焼く。

Chorizo Casero
チョリソ・カセーロ

自家製チョリソ

メキシコのチョリソは、メキシコのトウガラシを練り込んで作ります。メキシコ市近郊にある標高が高く気温の低いトルーカ市やその他のメキシコ州の村が、チョリソの生産地として有名です。

> **チレ・アンチョパウダー**
> チレ・アンチョの表面をよく拭いてヘタと種を取り除き、天板に並べて180℃のオーブンに約10分入れ、乾燥させてからフードプロセッサー（ミキサー）でパウダー状にする。チレ・グアヒーヨパウダーの作り方も同様。

材料（12本分）
豚腸（塩漬け）…… 約2m
豚挽肉（脂身20％）…… 1kg

Ⓐ
- 岩塩 …… 15g
- チレ・アンチョパウダー …… 1g
- チレ・グアヒーヨパウダー …… 1g
- カイエンペッパーパウダー …… 1g
- パプリカパウダー …… 10g
- クミンパウダー …… 2g
- オレガノ …… 2g

ニンニク …… 2片

Ⓑ
- 赤ワインビネガー …… 12㎖
- クラッシュドアイス …… 150㎖

作り方

1. 豚腸は流水にさらして塩抜きする。
2. 豚挽肉をボウルに入れ、Ａとごく小さなみじん切りにしたニンニクを入れて手でこねる。
3. 2の塩とパウダー類がよく混ざったらＢを加えてさらにこねる。
4. 3のクラッシュドアイスがよく混ざって肉に粘りが出るまでこねる（ボウルを逆さにして持ち上げても肉が落ちなければ充分）。
5. 水気を取った1をソーセージ用の口金に被せて端を結び、4を絞り入れる。約90gほど詰めたら2cmほど余裕を持たせてハサミで腸を切る。再び端を結び、同じ作業を繰り返す。
6. 5の全体に針を刺して空気を抜く。
7. 冷蔵庫で半日ほど寝かせてから使用する。

Queso Fundido
ケソ・フンディード

メキシコ風チーズ フォンデュ

チョリソとチレ・チポトレのチーズフォンデュ。好みでコリアンダー（みじん切り）を上に散らしてもよいでしょう。小麦粉のトルティーヤ（P109参照）も合います。

材料（1人分）
モンテレイジャック
チーズ（シュレッド）…… 100g
チョリソ（P110）…… 1本
チレ・チポトレ（缶）…… 1/2本
トルティーヤ（P33）…… 適量

作り方
1. 直径12cmの耐熱皿に薄くバター（分量外）を塗り、チーズを入れて200℃に熱したオーブンに入れる。
2. フライパンに油（分量外）をひいて熱し、腸から中身を出したチョリソを炒める。
3. 1のチーズが溶けたらオーブンから出し、2をのせ、小さく切ったチレ・チポトレを散らす。
4. 3を再びオーブンに入れ、ぐつぐつするまで熱する。トルティーヤを添える。

自家製チョリソ

メキシコでチョリソは、肉屋やスーパーで買えるのでレストランや家で作ることはあまりない。今回は、日本でメキシコ風チョリソが手に入りにくいので時間とスペースが限られている都心のレストラン用のレシピを紹介した。本来は、トウガラシ類をお湯で戻してニンニクや他のスパイスと共にミキサーにかけてペースト状にして挽肉に練り込み、涼しい場所に2～3日吊るして熟成させて作る。

Mole de Olla
モレ・デ・オジャ

メキシコ風ポトフ

メキシコ風ポトフといった趣きの一品。寒い時期に食べると身体が温まります。

材料（10人分）
牛スネ肉 …… 2kg
A｜タマネギ …… 1個
　｜ニンニク …… 2片
　｜セロリ …… 1枝
B｜ローリエ …… 3枚
　｜塩 …… 大さじ1
C｜チレ・アンチョ …… 15g
　｜チレ・パシージャ …… 15g
ニンジン …… 2本
サルサ・ロハ（P51）… 280㎖
ズッキーニ …… 2本
インゲン …… 15本
トウモロコシ …… 3本

作り方
1 牛スネ肉はよけいな脂を取り除いて5cm角に切る。Aは全て厚めにスライスする。
2 1を鍋に入れ、ひたひたの水を注いで火にかける。Bを加えてアクをすくいながら約1時間煮る。
3 Cはヘタと種を取りフライパンで軽くトーストしてお湯に浸してふやかす。
4 2の鍋から肉を取り出して煮汁を濾す。濾した汁と肉を鍋に戻す。
5 3のトウガラシと浸していたお湯を少量ミキサーにかけてピュレ状にして4に足す。
6 ニンジンを4×2cmほどに切って5に加え、サルサ・ロハも加えて約30分煮る。
7 肉が柔らかくなったらニンジンと同様に切ったズッキーニ、半分に切ったインゲン、約2.5cmの厚さに輪切りにしたトウモロコシを加えて約15分煮る。煮汁が少なくなったら水を足し、塩味を調節する。

Tinga Poblana

ティンガ・ポブラーナ

プエブラ風ティンガ

ティンガは、茹でた肉を裂いてからトマトとトウガラシのソースで煮込むメキシコのお惣菜ですが、こちらはグルメの都・プエブラ風のもので豚肉、チョリソを入れ、チレ・チポトレで風味を付けているのが特徴です。チョリソを調味料のように使うのがメキシコ的（あるいはスペイン的）なアイデアでしょうか。

トッピング
オアハカ風のチーズがあれば飾りに加えてもよい。

材料（4人分）

- 豚肩ロース …… 600g
- タマネギ …… 3/4個
- ニンニク …… 2株
- ジャガイモ …… 小2個（約250g）
- ローリエ …… 2枚
- 油 …… 大さじ2
- チョリソ（P110）… 2本（180g）
- ホールトマト …… 500g（実のみ）
- Ⓐ チレ・チポトレ（缶） …… 2本
  チレ・チポトレ缶のアドボ汁 …… 小さじ2
- Ⓑ オレガノ …… 1つまみ
  塩 …… 約小さじ1/2
- アボカド …… 適量
- タマネギのスライス …… 適量

作り方

1. 豚肩ロースは5cm角に切る。タマネギは厚めにスライス、ニンニクはみじん切りにする。ジャガイモは皮付きで茹でてから皮をむき、一口サイズに切る。
2. 肉を鍋に入れ、ひたひたの水と塩小さじ1（分量外）、ローリエ、香味野菜（分量外）を入れて火にかける。沸騰したら火を弱め、アクをすくい、肉が柔らかくなるまで約1時間煮る。途中、水が少なくなったら足す。火を止めたら煮汁の中で肉を冷ます。
3. 別の鍋に油を熱し、タマネギを炒め、ややしんなりしてきたらニンニクを加えて炒める。チョリソの中身を腸から出して加え、さらに炒める。
4. 3の鍋にホールトマトを潰して加える。2の煮汁から浮いてきた脂を半分ほどすくって取り除いたものを300 mlほど加えて沸騰させる。沸騰したら火を弱める。
5. 2の肉を手で粗めに裂き、4の鍋に加える。
6. Ⓐに4の鍋の煮汁を少量加えてミキサーにかけ、ピュレ状にしてから4の鍋に入れる。
7. 1のジャガイモとⒷを鍋に入れる。約5分煮て味が馴染んだら火を止める。
8. 皿に盛り付け、さいの目に切ったアボカドとタマネギのスライスを飾る。

COLUMNA

陽気で楽しい メキシカンパーティ

メキシコ人にとってパーティは生活の一部。メキシコを語るに欠かせない文化のひとつです。

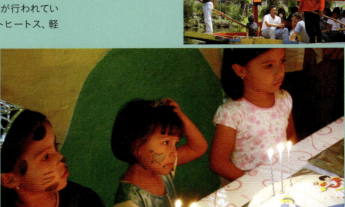

1.2. メキシコ市にあるソチミルコでは、水路を巡りながら、その船の上でパーティを行う習慣がある。食事は持ち込み可能だが、軽食を売りにたくさんの小舟が来る。マリアッチを呼び寄せ、歌を歌ってもらうことも。

パレード、コンサートライブ、ダンスショー、移動式の遊園地。メキシコでは、毎日どこかでお祭りが行われています。屋台が軒を連ね、郷土料理やアントヒートス、軽食をつまんだりして楽しみます。テーマを冠した大きなお祭りは、フェスティバル (Festival) と呼ばれ、見本市や品評会、または縁日などを含むやや小規模の祭りはフェリア (Feria) と呼びます。トウモロコシやモレなどの食材をテーマにしたフェリアも毎年開かれ、人気です。フィエスタ (Fiesta) というと、お祭り全般、パーティとさらに祝日の意味があります。主に若者がどんちゃん騒ぎをするパーティはパチャンガ (Pachanga) と呼ばれます。

重要なパーティ

メキシコ人にとって重要なイベント事は、洗礼式 (バウティソ／Bautizo) から始まり、初聖体拝受の日 (プリメーラ・コムニオン／Primera Comunión)、娘の15歳の誕生日 (キンセ・アニョス／Quince Años)、結婚式 (ボダ／Boda) などが挙げられます。名付け親がドレス、叔母がケーキなどと皆でお金を出し合って祝うことも多いようです。パーティ好きが集まるのですからフィエスタにかける情熱とお金も並ではなく、盛大なパーティが催されます。その際の料理は、皆で取り分けられる料理を用意できるビュッフェ形式がよく選ばれます。欠かせないのはケーキ。チョコレートやトレス・レチェス (P171参照) のケーキが定番で、カラフルな巨大ケーキが用意されます。

3. 子どもの誕生日パーティには、子ども用のお菓子やケーキはもちろんのこと、フェイスペイントコーナーや、ピニャータ (くす玉) なども欠かせない。4. 家族の気軽なパーティでは、飲み物やケーキなどは差し入れされることはあっても、基本的には招待主の全ておごり。友達の友達など人数はいつもどんどん増えていくので、準備は大変なものに。5. 誕生日パーティのケーキ。テーマカラーやモチーフを決め、会場の飾り付けやドレス、ケーキもトーンを揃えて注文する。飾った花や飾りは記念品と共に皆にお土産としてプレゼントされる。

◯ ファミリーパーティ

家族が集まって祝うパーティには、クリスマスや大晦日、独立記念日、東方三賢人の日などのほかに、誕生日、5月10日の母の日、4月30日の子どもの日などがあります。たいていは家で行われますが、子どもの誕生日はプールサイドや遊具などが常備された専用のパーティ会場を借りきることも多いようです。また、母の日はお母さんが家で料理をしなくてすむよう、レストランで祝うので町中のレストランが大混雑します。

カトリックのカレンダーには毎日、諸聖人の日があり、ファーストネームにキリスト教信者の名前がついていれば、誕生日以外にも自分の祝日、自分の聖人の日（ディア・デル・サント／Día del Santo）があり、それを祝う家庭も多くあります。また、会社ではクリスマスシーズンにポサーダ（Posada）と呼ぶパーティを行う慣習もあります。

特別な日に決まって食べる料理も様々に存在しますが、カジュアルなパーティフードとしては、皆で具材を持ち寄ってつまむタコスやトスターダス（P46参照）、モジェーテス（P83参照）などの軽食が好まれます。肉を買って焼き、ウチワサボテンやセボジータスなどと一緒にトルティーヤに包んで食べるバーベキューも人気です。

1.2 大きな会場を借り、シェフを呼び寄せての豪華なパーティ。飲み物も、ビールやテキーラ、ワインなどが豊富に用意される。3.4.5. 優雅な屋外でのピクニックパーティ。アルコールを道路や公園など屋外の公共の場所で飲むことは禁止だが、プライベートな空間なら問題ない。

Text & Photo: Shida Mie

Recetas

6

魚介料理

PESCADOS Y
MARISCOS

ペスカードス・イ・マリスコス

> ㊞ キシコでの魚介類の消費量は、肉類に比べるとはるかに少なく、ほぼ生
> 食はしません。しかし、魚や魚介料理のバリエーションが少ないわけで
> はなく、比較的安価なティラピア（モハーラ／Mojarra）や内陸部では
> 養殖の鱒（トルーチャ／Trucha）、メキシコ湾（ゴルフォ・デ・メヒコ／Golfo de
> México）では鯛（ワチナンゴ／Huachinango）をはじめ、エビやタコなど
> 様々な魚介類を食べることができます。タバスコ州では、ワニに似た古代魚
> ガー（ペヘラガルト／Pejelagarto）を食べるなど、地域独特の料理も見られ
> ます。
>
> 　調理法は、フライからホイル焼き、包み焼き、オーブン焼き、煮込み、トマト煮な
> ど、多彩な手法で調理されていて、レストランでは「鱒をニンニク焼きで」と
> いった調理法付きでオーダーすることもできます。魚介を使ったタコスや
> スープ、米料理もメキシコの定番料理です。また、イースター（セマナ・サ
> ンタ／Semana Santa）の期間は、禁肉食週間となり、肉に代わって魚が
> 料理の主役になります。魚以外にも、タコやエビ、貝なども様々な調理法
> があり、広い範囲でよく食べられています。

1. セビーチェ（Ceviche）（P119参照）。 2. ワチナンゴ・ア・ラ・ベラクルサーナ（P123参照）。 3.4. エビのニンニク炒め。カマロネス・アル・モホ・デ・アホ（Camarones al Mojo de Ajo）。 5. エビをアチオテで和えたユカタン風。 6. ベラクルスで食べるワタリガニ（ハイバ／Jaiba）を使った料理。 7. 白身魚のフリッター。屋台料理で人気。ペスカド・フリート（Pescado Frito）。 8. 白身魚のペスカド・エンパニサード（Pescado Empanizado）。 9. 鱒の香草焼きトルーチャ・エパソターダ（Trucha Epazotada）。 10. 養殖なので内陸部の観光地でもよく食されるトルーチャ。 11. 川魚や養殖魚のモハーラ。 12. アルミホイルに包んで焼いた鱒料理。

117

セビーチェ

Ceviche

セビーチェ

新鮮な魚介のマリネ

ラテンアメリカの各地で食べられている魚介類をマリネした前菜ですが、メキシコでも特に海岸地方で人気があります。伝統的には、ライムの強い酸で生の魚を白くなるまで「調理」する手法が取られますが、とびきり新鮮な魚介類が手に入る日本なら酸味を柔らかめにして魚の旨味を外に逃がさず、身も透明感を残してしっとりとした状態のままで仕上げる方法がよいでしょう。

材料（1人分）

エビ …… 3尾（約36g）
ホタテ貝柱（刺身用）…… 30g

Ⓐ トマト …… 1/4個
アボカド …… 1/4個
タマネギ（粗みじん）…… 小さじ1.5

Ⓑ チレ・ハラペーニョ
（みじん切り）…… 小さじ1/2
グリーンオリーブ
（みじん切り）…… 小さじ1
コリアンダー（みじん切り）…… 1枝

塩 …… 1g
ライムジュース
（またはライムの絞り汁）…… 10㎖
オリーブ油 …… 大さじ1
トルティーヤチップス（P51）…… 数枚

作り方

1. エビは竹串で背ワタを取る。鍋に香味野菜（分量外）と水を入れ、全体の分量に対して10％の白ワイン、1％の塩（分量外）を加えて沸かし、エビを茹でる。
2. エビの中まで火が通ったら取り出して冷ます。ホタテ貝柱も同じ鍋でさっと茹でて冷ます。
3. 2と1.5cm角に切ったAをボウルに入れる。
4. Bを3に加え、塩をまぶして軽く混ぜる。
5. 4にライムジュースを加えて混ぜる。
6. オリーブ油を加えて混ぜる。器に盛り付けてトルティーヤチップスを添える。

材料のコツ

エビやホタテ以外に、刺身用の白身魚、タコ、イカを入れるなどのアレンジも。アボカドは、あまり柔らかいものを選ぶと混ぜた時に崩れてしまう。また、ライムはレモンで代用できる。

調理のコツ

調味料は、先に油を入れると他の味付けが染み込みづらくなるので、塩→ライム→オリーブ油の順番で加える。また、トマトやアボカドは崩れないよう優しく混ぜる。

コクテル・デ・マリスコス

Coctel de Mariscos

コクテル・デ・マリスコス

新鮮なシーフードカクテル

新鮮な魚介類にライムを効かせ、ピリ辛の真っ赤なカクテルソースを和えた前菜料理です。メキシコの海岸の町では定番のアペタイザーとなっています。

材料（1人分）

Ⓐ
- エビ …… 2尾（約24g）
- ホタテ貝柱（刺身用）…… 30g

白身魚（刺身用）…… 30g

塩 …… 1g

Ⓑ
- タコ …… 30g
- アボカド …… 1/4個

＜カクテルソース＞

Ⓒ
- タマネギ（粗みじん）…… 大さじ1
- セロリ（粗みじん）…… 大さじ1
- ニンニク（すりおろし）…… 小さじ1/3
- コリアンダー（みじん切り）…… 1枝
- チレ・ハラペーニョ
  （粗みじん）…… 小さじ1
- オリーブ（粗みじん）…… 小さじ1
- サルサ・ロハ（P51）…… 大さじ2
- クラマト …… 大さじ2
- ケチャップ …… 大さじ2
- ライムジュース …… 5㎖
- ホットソース …… 数滴
- 塩 …… 1g

ライム、コリアンダー、クラッカー … 各適量

調理のコツ

「クラマト」はハマグリのエキス入りトマトジュース。トマトジュースでも代用できる。ホットソースは、タバスコなど市販のホットソースでOK。白身魚はタイやヒラメなどを使用。カキ、蟹、アサリなどを入れてもよい。ちなみにカキを入れたものは、精が付くことから生き返れの意で「ブエルベ・ア・ラ・ビダ（Vuelve a la Vida）」と呼ばれる。
魚介類は、冷えすぎていると旨味を感じにくいので室温に戻しておく。また、メキシコではオレンジジュースなどで甘みを加えることも多い。その場合は、ホットソースやハラペーニョの分量を少し増やしてバランスを取るとよい。

作り方

1. Ⓐを茹でて冷ます（P119の作り方1を参照）。白身魚にはごく軽く塩とライムで下味を付ける。
2. 1とⒷはそれぞれ1.5cm角に切る。
3. カクテルソースを作る。ボウルにⒸを入れて混ぜる。
4. 3に2を入れて混ぜる。
5. 器に盛り、スライスしたライム、コリアンダーで飾り、クラッカーを添える。

ワチンゴ・ア・ラ・ベラクルサーナ

Huachinango a la Veracruzana

ワチナンゴ・ア・ラ・ベラクルサーナ

真鯛のグリル ベラクルスソース

メキシコ湾に面したかつてのヨーロッパの玄関口、古い港町ベラクルスのご馳走料理。メキシコ最初のスペインの植民都市であった影響が色濃く、地中海的な食材が多く使われています。そこに加えたベラクルス州ハラパ地方原産のチレ・ハラペーニョの爽やかな辛さと奥深い旨味がこの料理の鍵を握っているといってもよいでしょう。

材料（2人分）

鯛 …… 1尾（500g）
塩 …… 5g（鯛の1％）
ライムジュース …… 5㎖
＜ベラクルスソース＞
Ⓐ｜タマネギ …… 100g
　｜ニンニク …… 10g
オリーブ油 …… 適量

トマト …… 200g
ホールトマト …… 200g（実のみ）
Ⓑ｜グリーンオリーブ …… 4個
　｜チレ・ハラペーニョ …… 1/2個
ケッパー …… 10g
イタリアンパセリ …… 3枝
塩 …… 2g

作り方

1. 鯛は鱗を引き、えらと内臓を取り出してからペーパータオルで水気を取る。
2. 1の両面にそれぞれ3か所ほど切れ目を入れて、全体に塩をすり込み、ライムジュースをまぶして20分ほど置く。
3. Aをスライスしてオリーブ油で炒める。しんなりしたら、トマトを1cmの角切りにして加える。
4. 3にホールトマトを潰して加え、さらにBをスライスして入れ、ケッパー、イタリアンパセリのみじん切り、塩を加える。
5. 4の半量をベイキングディッシュかココットに敷き、2を再度ペーパータオルで拭いてから入れる。
6. 4の残りを鯛の上に被せ、200℃に熱したオーブンで火が通るまで焼く（ココットの場合は中火にかけてもよい）。
7. 味見をして塩を調節する。オリーブやパセリ、チレ・グエロ（全て分量外）で飾る。

味付けのコツ

魚にしっかりと塩をすり込み、ソースは初めやや薄味にしておく。焼いているうちに魚から塩分が染み出てちょうどよい塩加減になる。

鯛の選び方

メキシコの鯛、ワチナンゴは、メキシコ湾などで獲れるフエダイの仲間。日本産の鯛を使用する場合は天然真鯛がよい。天然ものは運動量が豊富なので流線型で身が引き締まっており、メキシコの鯛に近い。

Pescado Tikin-xik
ペスカード・ティキンシック

ユカタン風魚料理

白身魚をピビルペーストで漬け、バナナの葉で蒸し焼きにしたユカタン地方の料理です。サルサ・デ・チレ・アバネロ（P25参照）や赤タマネギのピクルス（P85参照）を添えてもよいでしょう。

材料（1皿分）
白身魚の切り身 …… 120g
ピビルペースト（P105）…… 適量
タマネギ …… 80g
バナナの葉 20×30cm …… 1枚
トマトのスライス …… 1枚
緑のバナナ …… 1本

作り方
1 白身魚はピビルペーストで約2時間マリネする。
2 タマネギは5mmの厚さにスライスする。
3 鍋に薄く油（分量外）をひき、2をしんなりするまで炒め、ピビルペースト（小さじ1）を混ぜる。
4 バナナの葉を直火でさっと炙って柔らかくして3を置き、その上に1を重ね、トマトスライスをのせる。
5 4を閉じてアルミホイルで包む。
6 5を200℃に熱したオーブンで約15分焼く。
7 緑のバナナは皮をむき、厚さ5mmにスライスして180℃の油（分量外）で揚げ、軽く塩（分量外）を振る。
8 6を皿に盛り、7を添える。

Pescado a la Talla

ペスカード・ア・ラ・タジャ

鯛のアカプルコ風

メキシコ西海岸を代表する魚料理。アジアからの玄関港、また有名なリゾート地でもあるアカプルコのあるゲレロ州の名物料理です。「ア・ラ・タジャ」を直訳すると「姿焼き」といった感じの意味になります。北部のナジャリ州には、これに似た「ペスカド・サランデアド（Pescado Zarandeado）」という料理があり、スズキがよく使われます。

> **調理のコツ**
> マリネペーストにマヨネーズを入れることもよくある。

材料（1皿分）
鯛 …… 1kg
（以下各適量）
グアヒーヨ・マリネペースト
Ⓐ ┃ トマト（くし型）
　 ┃ ライム（くし型）
　 ┃ タマネギ（スライス）
　 ┃ イタリアンパセリ

作り方
① 鯛は、鱗、エラ、内臓を取って開く。ごく軽く塩（分量外）をまぶしてしばらく置き、水分が出たらペーパータオルで拭き取る。
② グリルパンを熱し、刷毛で薄く油（分量外）を塗る。充分に熱くなったら1の皮を下にして置き、火加減を少し弱める。
③ グアヒーヨ・マリネペーストを2にまんべんなく塗る。
④ 3の身の端の部分が白くなったら、グリルパンごとサラマンダーかオーブンに入れる。
⑤ 8割くらいで火が通ったらマリネペーストをもう一度塗り、完全に火が通るまで焼く。
⑥ 器に盛りAで飾る。

チレ・グアヒーヨ・マリネペースト

材料
チレ・グアヒーヨ …… 30g
Ⓐ ┃ トマト …… 小1個
　 ┃ ニンニク …… 2片
Ⓑ ┃ オレンジジュース … 30㎖
　 ┃ クミン …… 2g
　 ┃ オレガノ …… 1つまみ
　 ┃ 塩 …… 6g
サラダ油 …… 大さじ1

作り方
① チレ・グアヒーヨはヘタと種を取り、フライパンで軽く焼いてお湯に浸けて戻す。
② Aは200℃に熱したオーブンでローストする。
③ 1と2をミキサーに入れ、Bも加えて滑らかなペーストにする。
④ 鍋にサラダ油を熱し、3を入れて木べらでしばらく炒めて味を馴染ませる。

Pulpo a la Mexicana
プルポ・ア・ラ・メヒカーナ

タコのメキシコ風

メキシコの海岸部では、タコはポピュラーな食材のひとつ。トマトの酸味とトウガラシの爽やかな辛さがタコの旨味に絶妙にマッチした料理をご紹介します。

材料（1皿分）
茹でタコ …… 150g
A｜タマネギ …… 1/4個
　｜ニンニク …… 1片
　｜コリアンダー …… 適量
トマト …… 2個
青唐辛子 …… 1〜2本
オリーブ油 …… 大さじ2
塩 …… 3g

作り方
1. タコは厚さ5mmにスライスし、Aはそれぞれ粗みじん切り、トマトは1cm角に切る。青唐辛子は厚さ2mmにスライスする。
2. 鍋にオリーブ油を熱し、タマネギとニンニクを炒める。しんなりとしたら、トマトと青唐辛子、塩を加えて加熱し、沸騰したらタコを入れて味が馴染むまでしばらく弱火で煮る。
3. 皿に盛ってコリアンダーを散らす。

Camarones al Ajillo
カマロネス・アル・アヒージョ

エビのニンニク
トウガラシ炒め

スペイン料理にもよく使われるニンニクトウガラシ炒め「アヒージョ」。昆布のような旨味を持つチレ・グアヒーヨとニンニクで、エビを風味豊かに炒めます。

調理のコツ

チレ・グアヒーヨの昆布のような凝縮された旨味とニンニクの香りはとても相性が良い。焦がしてしまうと味が台無しになるので、火加減には充分に気を付ける。この「アヒージョ」の調理法は、エビ以外にも、鶏肉や魚、野菜などにも使える。

材料（1皿分）

エビ …… 12尾（約180g）
ニンニク …… 1.5片
チレ・グアヒーヨ … 1/2〜1本
サラダ油 …… 50㎖
塩 …… 約1g
A｜ジャガイモ …… 適量
　｜ウチワサボテン …… 適量
コリアンダー …… 適量
ライム …… 1/3個
アロス・ブランコ（P145）… 適量

作り方

1. エビは皮をむき、背中から包丁を入れて背わたを取る。ニンニクは厚さ2mmにスライスし、チレ・グアヒーヨは種を取って厚さ2mmの輪切りにする。
2. フライパンに油とニンニクを入れて弱火にかけ、油が熱くなったらチレを入れ、香りが立ったらエビを入れて塩を振り、中火で炒める。
3. エビにほぼ火が通ったら、茹でてから1.5cm角に切ったAを加えてさらに炒める。
4. みじん切りにしたコリアンダーを散らし、くし型に切ったライム、アロス・ブランコを添える。

Camarones a la Diabla

カマロネス・ア・ラ・ディアブラ

悪魔にとりつかれたエビ

「エビの悪魔風」と名付けられるほどの辛い料理です。

材料（1皿分）
エビ …… 12尾（約180g）
サラダ油 …… 20㎖
塩 …… 1つまみ
赤ワインビネガー …… 5㎖
A｜水 …… 大さじ3
　｜サルサ・ロハ
　｜（P51）…… 100㎖
　｜チポトレ
　｜ペースト …… 小さじ1
タマネギのスライス、
コリアンダー …… 各適量

作り方
1. エビは皮をむき、背中から包丁を入れて背わたを取る。
2. フライパンに油を熱し、エビを入れて塩を1つまみ振り、強火で炒める。6割くらい火が通ったところで赤ワインビネガーを加え、強火で加熱して酸味を飛ばす。
3. 赤ワインビネガーが蒸発したらAを加える。
4. 3が沸騰したら中火にしてエビに火を通す。
5. 皿に円形に盛り付けて真ん中にタマネギのスライスとコリアンダーを飾る。

チレ・チポトレペースト

材料（約220g分）
チレ・デ・アルボル …… 30g
チレ・チポトレ（缶）… 2缶（215g）

作り方
1. チレ・デ・アルボルは鍋に入れ、ひたひたの水を入れて沸騰させ、約3分煮て火を止め、そのまま15分ほど置いてふやかす。
2. チレ・チポトレは缶から取り出し、ヘタと種を取り除いてミキサーにかける。
3. 2に缶のアドボ汁を約小さじ2と1のチレ・デ・アルボルを入れ、ミキサーの刃が回るくらいまで1のお湯を入れる。ミキサーにかけて滑らかにしたら濾し器で濾す。

> **ポイント**
> このペーストはいろいろな煮込み料理に辛さと濃厚な旨味を足す鰹節のような存在。缶詰のチレ・チポトレを使う場合、チポトレだけでは辛さが足りないので、チレ・デ・アルボルを加える。

Camarones al Tequila
カマロネス・アル・テキーラ

エビの
テキーラ炒め

テキーラの故郷、ハリスコ州の名物料理をアレンジしました。新鮮なエビをニンニク、青唐辛子と共に炒め、ライムを搾ってプレミアムテキーラの雄、ドン・フリオを豪快に注ぎました。香りの良いドン・フリオ特有の果実味たっぷりの自然な甘さとライムの瑞々しい酸味がエビの風味を引き立てます。アロス・ブランコ（P145参照）かトルティーヤを共に盛り付けてもよいでしょう。

材料（1皿分）
エビ …… 12尾（約180g）
A｜ニンニク …… 1片
　｜青唐辛子 …… 1/2本
サラダ油 …… 40㎖
塩 …… 1つまみ
ライム …… 1/4個
テキーラ …… 30㎖
サルサ・メヒカーナ
（P23）…… 70㎖
オリーブ油 …… 15㎖
コリアンダー、ライム … 各適量

作り方
1. エビは皮をむき背中から包丁を入れて背わたを取る。Aはみじん切りにする。
2. フライパンにサラダ油とニンニクを入れて弱火にかけ、油が熱くなったら青唐辛子を入れる。香りが立ったらエビを入れて塩を振り、ライムを搾る。
3. 中火で炒め、エビに7割ほど火が通ったらテキーラを振り入れ、強火にしてアルコールを飛ばす。炎が立つので注意する。
4. 炎が小さくなったらサルサを加え、フライパンを揺すってよく混ぜる。味見をして足りないようなら塩を足す。エビに火が通ったら弱火にしてオリーブ油を回しかけ、乳化させる。
5. 皿に盛り、コリアンダーを散らし、くし型に切ったライムを添える。

> **テキーラ**
> テキーラは竜舌蘭のナチュラルな甘さとハーブの香りが豊かなロスアルトス地区のブランコがおすすめ。

Camarones a la Diabla / Camarones al Tequila
Recetas

COLUMNA
極彩色の
メキシコの市場

メキシコの市場は2種類あります。屋根付きの常設で市民の日用品から食品まで小売店が並ぶメルカド（Mercado）。そして先スペイン期からある、特定日に開かれる青空市場のティアンギス（Tianguis）です。

ティアンギス（青空市場）

1. チアパスの先住民が多い、サン・ファン・チャムラ（San Juan Chamula）村の青空市場。2. ティアンギスの中に登場するアントヒートスの屋台。3. アボカド、マンゴー、トウガラシ類、ウチワサボテンを売る女性。

メキシコの都市部はアメリカやヨーロッパ資本を始めとするチェーン店の大型スーパーが充実しています。しかし、市場の人気は根強く、いつも市場には、地方または都市部から安く美味しい食材を求めてやってくる人が溢れています。

ティアンギスは青空市場、露天市とも呼べるもので、マヤやアステカ文明時代から存在するといわれています。商人らが曜日によって決まる地区の通りや公園に屋台を並べ、食料品はもちろん衣類や台所用具などを売ります。

メルカドは、野菜や果物、肉や魚・乾物などの売り場に分かれていて、多数の卸・小売商が商品をブースに山積みにしています。食堂を併設しているのが普通です。多種多様なトウガラシや野菜、果物から駄菓子や缶詰までなんでも揃います。

メキシコ市で代表的なものには、中央卸市場のセントラル・デ・アバストス（Central de Abastos）、メキシコ最大の常設食料品市場メルセー（Merced）、新鮮な魚が揃うサン・フアン（San Juan）、花が有名なハマイカ（Jamaica）、家具が揃う蚤の市ラグニージャ（Lagunilla）、呪術用グッズも多いソノラ（Sonora）、日用品が揃うテピート（Tepito）などがあります。

メルカド（市場）

4. メキシコ市・ローマ地区に2014年に登場したローマ市場。5. ピニャータがたくさん吊り下げられた市場の野菜売り場。6. 市場の中の肉売り場。チョリソがたくさんぶら下げられている。

メキシコらしい野菜が積まれたメキシコ州のマリナルコ（Malinalco）村のティアンギス。

モダンな食事スペースも設置されたメキシコ市のローマ市場（メルカド・ローマ／Mercado Roma）。

Text & Photo: Shida Mie, Photo（P130 3, P131-133）: Koitani Yoshihiro

Recetas

7

モレ料理とその他

MOLES
Y OTROS

モレス・イ・オトロス

メキシコの国民的料理モレに加えてお米料理、頻繁に登場する豆料理、朝食に欠かせない卵料理、エンパナーダスをまとめてご紹介します。

モレは、ナワトル語で「複数の材料をすり潰して作るソース（のようなもの）」という意味で、「ソース」とほぼ同義語。チョコレートのソースとして世界的に有名なモレ・ポブラーノ（Mole Poblano）を始め、様々な種類があります。モレの制作過程には、メキシコ料理における特徴的なことが多く含まれるので、モレを極めることは、メキシコ料理を極めるともいえるでしょう。

またメキシコではお米料理やパスタ料理を「乾いたスープ（ソパ・セカ／Sopa Seca）」と呼び、主に前菜の後に食べます。細長い種類の米が一般的で、味をつけて炒めてから煮ることが多いです。

メキシコの朝食には卵料理が欠かせません。レストランではウエボス・アル・グスト（Huevos al gusto）といって、好みの卵料理を選べるのが普通です。シンプルな目玉焼きはウエボス・エストレジャードス（Huevos Estrellados）と呼ばれます。メキシカンスクランブルエッグのウエボス・ア・ラ・メヒカーナ（Huevos a la Mexicana）は、ハムやチョリソ、ベーコンと一緒に食べるのもいいでしょう。ディボルシアードス（Divorciados）という、緑のソースをかけた目玉焼きと赤いソースをかけた目玉焼きの組み合わせも人気メニューです。

1. 鶏肉にモレをかけた、プエブラ州の名物料理モレ・ポブラーノ（P137参照）。2. エンチラーダ・デ・モレ（Enchilada de Mole）。3. 肉料理に添えられたアロス・ア・ラ・メヒカーナ（P145参照）。4. 赤いソースに浸したウエボス・ランチェロス（P153参照）と豆ペースト（P149参照）。5. ウエボス・ア・ラ・メヒカーナ（P153参照）と豆ペースト、アロス・ブランコ（P145参照）。6. シンプルな目玉焼きはウエボス・エストレジャードス。

モレ・ポブラーノ

Mole Poblano

モレ・ポブラーノ

鶏肉の
プエブラ風モレ

モレの中でも最も広く知られ、名実ともにメキシコを代表する料理とされています。特別なお祝いの際のご馳走です。植民地時代に大司教を接待するためにプエブラ市のサンタ・ロサ女子修道院の修道女達が創りだした（あるいは神が伝えた）という伝説があります。

調理のコツ

辛さ、甘さ、苦さ、酸っぱさの要素が複雑に絡み合う料理。味のバランスを保つことが重要。また、モレにおいてはトウガラシの処理の仕方がとても重要。香ばしくなるまでしっかり加熱するが、焦がし過ぎてもNG。

チョコレート

その色から「チョコレートソース」と紹介されることが多いが、味のベースとなるのは3〜4種類入る乾燥トウガラシで、チョコレート（カカオマス）はコクを出すために入る程度。

材料（1皿分）

鶏モモ肉（骨付き）…… 1本
モレ・ポブラーノ …… 約120㎖
鶏スープ（P60）…… 適量
塩、油、白ゴマ …… 各適量

作り方

1 鶏モモ肉は骨にそって切れ目を入れ、火が通りやすくする。塩で下味を付けて油をひいたフライパンに入れ、蓋をして焼く（あるいはオーブンに入れて火を通す）。

2 1が焼けたら一旦取り出し、余分な油を捨ててフライパンをペーパータオルで拭く。

3 モレ・ポブラーノと鶏スープを入れて沸騰させ、鶏肉を戻し入れてしばらく煮て味を見て、足りなかったら塩を足す。

4 皿に盛り付け、白ゴマを散らす。アロス・ア・ラ・メヒカーナ（P145参照）やトルティーヤを添えてもよい。

モレ・ポブラーノ

材料（25皿分）

Ⓐ チレ・アンチョ …… 100g
チレ・グアヒーヨ …… 45g
チレ・パシージャ …… 45g
チレ・デ・アルボル …… 6g
アーモンド …… 85g
ピーナッツ …… 65g
Ⓑ タマネギ …… 1.5個
ニンニク …… 4片
ラード（P35）…… 大さじ4
Ⓒ ホールトマト… 600g（実のみ）
鶏スープ（P60）…… 1.5ℓ
クローブ …… 12個
ローリエ …… 3枚
白ゴマ …… 50g
Ⓓ シナモンスティック …… 3本
コリアンダーシード …… 4g
レーズン …… 145g
バナナ …… 3本
カカオマス …… 118g
Ⓔ 三温糖 …… 85g
塩 …… 35g
オレガノ …… 2つまみ

作り方

1 Aはヘタと種を取り除き、各々油（分量外）で香ばしくなるまで揚げて、お湯で戻す。

2 Bは粗いみじん切りにする。

3 鍋にラード大さじ2を熱し、2を炒める。水分がほぼ飛んだらチレ・デ・アルボルを入れて約10秒炒めてからCと残りの1を加えて沸騰させ、火を弱める。180℃のオーブンでアーモンドとピーナッツを香ばしくなるまでローストして鍋に加える。

4 フライパンで白ゴマを乾煎りする。香ばしい香りがしてきたら3に移す。

5 4のフライパンにラード大さじ1を熱し、Dを加えて香りを出したら網ですくって3に移す。

6 5のフライパンにレーズンを入れて全体がぷくっと膨らんでくるまで炒めて3に移す。

7 3の鍋は、約15分中火で煮て2cmほどの輪切りにしたバナナを加え、火を止める。

8 7の粗熱を冷ましてミキサーに何回かに分けて入れ、滑らかなピュレ状にして目の細かいザルで濾す。

9 鍋を洗って再び火にかけ、残りのラードを熱する。充分に熱くなったら8を少しずつ加えて木べらで混ぜながら加熱し、沸騰したら弱火にして蓋をする。焦げやすいので注意。

10 カカオマスを細かく砕いて加える。Eも加えて混ぜ、カカオマスがほぼ溶けたら蓋をして弱火で約5分煮る。

11 蓋を取り、脂分が分離しはじめてきたら火を止め、オレガノを加える。

ピピアン・ベルデ

Pipián Verde

ピピアン・ベルデ

鴨胸肉のピピアン・ベルデ

アステカ時代に起源を持つといわれる伝統的な料理。ここでは鴨を使いましたが、
このソースは応用範囲が広く、野菜や鶏肉などいろいろな素材に利用できます。

材料（1皿分）

鴨胸肉 …… 1枚（250g）
ピピアン・ベルデ …… 140㎖
塩、カボチャの種 …… 適量

作り方

1 鴨胸肉は皮目に格子柄に包丁で切れ目を入れ
　る。軽く塩を振る。

2 フライパンを熱して1を皮目を下にして置く。中
　火で焼いて焦げ目が付いたらひっくり返し、蓋
　をして弱火で約5分焼く。指で押してみて弾力
　があれば取り出し、アルミホイルに包んで温か
　いところで約10分休ませる。

3 温めたピピアン・ベルデをしき、2をスライスし
　て皿に並べ、カボチャの種を飾る。

ピピアン・ベルデ

材料（8皿分）

カボチャの種 …… 180g
ラード
（またはサラダ油） …… 大さじ3

Ⓐ | タマネギ …… 1個
　 | ニンニク …… 2片

Ⓑ | 緑トマト（缶） …… 270g
　 | 鶏スープ（P60） …… 1ℓ

ピーマン …… 4個

Ⓒ | チレ・ハラペーニョ
　 | （缶） …… 1/3本
　 | セロリの葉 …… 2枝
　 | コリアンダー …… 1枝

塩 …… 6g

作り方

1 フライパン（大）にカボチャの種を入れて中火に
　かけ、乾煎りする。時々フライパンを揺すって焦
　げないようにする。種がパンパン弾け出してきた
　ら絶え間なくかき混ぜて約1分で火を止める。

2 鍋にラード半量を熱して粗みじん切りにしたA
　を炒める。しんなりしたら1とBを入れて約5分
　煮る。

3 ピーマンはヘタと種を取って縦半分にし、薄く油
　（分量外）をひいたフライパンに入れる。蓋をし
　て弱火にかけて火を通す。

4 2にCと3を入れ、ミキサーにかけて滑らかな
　ピュレ状にして細かいザルで濾す。

5 鍋を洗って再び火にかけ、残りのラードを熱し5
　を入れて炒める。木べらでかき混ぜながら加熱
　し、沸騰したら弱火にして蓋をし、約10分煮る。

6 塩を入れ、味を調節する。

名前

メキシコではピピアンと呼ば
れることが多いが、グアテマ
ラや南米のペルーにはペピ
アンと呼ばれる似た料理が
あり、ペピータ（種）から作る
からペピアンと呼ぶ方が正
しいという説もある。

レシピ

カボチャの種のみを使った
が、ゴマやピーナッツを組み
合わせてもよい。伝統的に
はラードを使うが、サラダ油
でも充分美味しい。

Mole Almendrado

モレ・アルメンドラード

鶏肉の アーモンド・モレ

オアハカ州を代表する7つのモレのひとつ。モレとしては珍しく、トウガラシを全く使わないあっさりした味わいです。チレ・アンチョなどのトウガラシを入れる作り方もあります。

材料（1皿分）

骨付き鶏
モモ肉 …… 1本（400g）
モレ・アルメンドラード …… 150㎖
鶏スープ（P60）…… 適量
アロス・ブランコ（P145）…… 適量

作り方

1. 鶏肉は骨に沿って切れ目を入れてから関節で切り分け、塩（分量外）で下味を付ける。
2. 薄く油（分量外）をひいたフライパンを熱して1の皮目を下にして入れ、フライパンごと180℃に熱したオーブンで約25分焼く。
3. 肉を一度取り出し、2のフライパンに残った脂を捨て、ペーパータオルで焦げ目を取り除いたモレと鶏スープ少量を入れてのばし、沸騰したら鶏肉を入れ、しばらく煮て味を馴染ませる。味見をして塩分を調節。
4. アロス・ブランコを盛った皿に3の鶏とモレを盛り付ける。アーモンドスライス（分量外）を散らす。

モレ・アルメンドラード

材料（8皿分）

アーモンド …… 120g
ラード（またはサラダ油）
　…… 大さじ3
A ┃ タマネギ …… 1個
　 ┃ ニンニク …… 2片
　 ┃ ホールトマト … 380g（実のみ）
　 ┃ 鶏スープ（P60）… 800㎖
B ┃ グリーンオリーブ …… 8個
　 ┃ クローブ …… 4個
　 ┃ ケッパー …… 1つまみ
　 ┃ 塩 …… 3g
シナモンスティック …… 1本
レーズン …… 60g
C ┃ 砂糖 …… 少々
　 ┃ 白ワイン
　 ┃ ビネガー …… 小さじ1/2
オレガノ …… 1つまみ

作り方

1. アーモンドは約3分茹でて薄皮をむき、タオルで乾かしてから150℃のオーブンで香ばしくローストする。
2. 鍋にラード大さじ2を熱し、粗みじん切りにしたAを炒める。しんなりしたらBを入れて沸騰させ、弱火に落とす。
3. フライパンに少量の油（分量外）を熱してシナモンスティックを軽く炒めて2に入れる。同じフライパンでレーズンも軽く炒め、2に加える。
4. 約10分ほど煮たらミキサーで滑らかなピュレ状にし、目の細かいザルで濾す。
5. 鍋を洗って再び火にかけ、残りのラードを熱する。4を入れて木べらでかき混ぜながら加熱。沸騰したら弱火にして蓋をし、約5分煮る。
6. 蓋を取り、Cを入れる。再び蓋をしてさらに5分煮る。
7. 味見して塩分を調節し、オレガノを加える。

Mole Negro
モレ・ネグロ

七面鳥のモレ・ネグロ

オアハカ州の7つのモレのひとつで、その複雑で力強い味わいから、王様と称され圧倒的な人気を誇る黒いモレ。4種類の乾燥トウガラシを焦げる寸前まで焼き、苦味、辛味、甘味、酸味の絶妙なバランスを保っています。

材料（1皿分）

七面鳥胸肉 …… 250g
モレ・ネグロ …… 140㎖

作り方

1. 鍋に水1ℓと塩小さじ1、香味野菜（分量外）を入れて火にかけ、沸騰したら七面鳥を入れて約10分煮る。火を止めて余熱で火を通す。
2. 1の七面鳥をスライスして皿に並べ、温めたモレ・ネグロをかける。

モレ・ネグロ

材料（15皿分）

A
- チレ・ムラート …… 60g
- チレ・パシージャ …… 35g
- チレ・グアヒーヨ …… 25g
- チレ・チポトレ …… 20g

B
- アーモンド、ピーナッツ …… 各40g
- ペカンナッツ …… 20g

ラード（P35）…… 大さじ4

C
- タマネギ …… 1個
- ニンニク …… 4片

D
- シナモンスティック …… 2本
- クローブ …… 6個

E
- ホールトマト …… 250g（実のみ）
- 緑トマト（缶）…… 150g

鶏スープ（P60）…… 1.2ℓ
白ゴマ …… 50g

F
- レーズン …… 50g
- プルーン …… 90g

バナナ …… 1本

G
- カカオマス、黒糖 …… 各70g
- 塩 …… 20g

H
- アニスシード、オレガノ …… 各1つまみ

作り方

1. Aは全てヘタと種を取り除き、油（分量外）でしっかり揚げてお湯で戻す。種は取っておく。
2. 1の種をフライパンに入れて強火にかける。フライパンを揺すって全体をまんべんなく黒く焦がしたら水に浸す。
3. Bは180℃のオーブンで香ばしくなるまでローストする。
4. 鍋にラード大さじ1を熱し、粗みじんに切ったCを炒める。水分がほぼ飛んだらDを加えてさらに炒め、Eと1、3、鶏スープを加える。2の種もザルで濾して加える。
5. 白ゴマはフライパンで乾煎りして4の鍋に移す。同じフライパンにラード大さじ1を熱し、Fを軽く炒めて4の鍋に移す。バナナを2cmほどの輪切りにして同様に炒め、鍋に移す。
6. 5の鍋を中火で約30分煮る。
7. 6の中身をミキサーにかけてピュレ状にする。ナッツ類やトウガラシの種は少量ずつ加えて長めに回して目の細かいザルで濾す。水分が足りなかったら水を加える。
8. 6の鍋を洗って再び火にかけてラード大さじ1を熱し、7のピュレを約1カップ入れて炒める。約30秒炒めたら残りのピュレの半分を加えて木べらでかき混ぜながら加熱し、沸騰したら弱火にして蓋をする。
9. フライパンにラード大さじ1を熱し、残ったピュレ約1カップを入れて炒める。約30秒炒めて8の鍋に移す。残ったピュレもフライパンで一旦加熱してから8の鍋に入れる。蓋をして約15分弱火で煮る。焦げやすいので、時折り木べらで混ぜる。
10. Gを加え、蓋をしてさらに10分ほど煮る。
11. 火を止めてHを入れて混ぜる。木べらで混ぜて持ち上げ、モレがゆっくりとへらを伝って落ちるくらいの固さになるまで煮る。固すぎたら水を足す。味見をして塩分を調節する。

Mole Amarillo
モレ・アマリージョ

スペアリブの黄色いモレ煮

アマリージョ（黄色）という名前ですが、実際は赤レンガ色に近い色。オアハカ地方では日頃から親しまれている料理ですが、この地方で盛大に祝う「死者の日」を象徴する花、センパスチルに色が似ていることから、その時期は特によく食べられます。

材料（1皿分）

豚スペアリブ …… 350g	モレ・アマリージョ …… 160㎖
ソペス用マサ（P39）…… 40g	鶏スープ（P60）…… 適量

作り方

1. スペアリブは1本ごとに切り分け、軽く塩（分量外）をする。
2. フライパンに油（分量外）を熱し1を入れ、フライパンごと180℃に熱したオーブンで約20分焼く。
3. ソペス用マサを2つに分けて丸め、指で真ん中に穴を開けて鶏スープで約10分煮てチャチョヨーテを作る。
4. 2のフライパンから肉を取り出し、余分な脂を取り除く。
5. 4のフライパンにモレ・アマリージョと3の鶏スープを入れて沸騰させ、肉を戻し入れる。
6. 3のチャチョヨーテも入れて蓋をしてしばらく煮る。肉が柔らかくなったら火を止めて味見、塩分調節する。

モレ・アマリージョ

材料（6皿分）

A
- チレ・グアヒーヨ …… 25g
- チレ・アンチョ …… 10g

ラード（P35）…… 大さじ3

B
- タマネギ …… 1.5個
- ニンニク …… 3株

- 緑トマト（缶）…… 300g
- ホールトマト …… 150g
- 鶏スープ（P60）…… 500㎖

C
- クローブ …… 3個
- トルティーヤ（P33）… 3枚
- クミン …… 2g
- アニスシード …… 1つまみ
- 塩 …… 5g

作り方

1. Aは各々ヘタと種を取り、フライパンで軽くトーストしてお湯で戻す。
2. 鍋にラード大さじ2を熱し、粗みじん切りにしたBを炒める。しんなりしたらCと1も入れて約10分煮る。
3. 2をミキサーにかけてピュレ状にし、目の細かいザルで濾す。
4. 鍋を洗って残りのラードを入れて再び熱し、3を入れて木べらでかき混ぜながら加熱する。
5. 沸騰したら弱火にして蓋をして約10分煮る。味見をして塩分を調整。木べらを持ち上げた時にモレがゆっくり伝って落ちるくらいの濃度に調整する。

> **応用**
> オアハカの7つのモレの中では、もっとも応用範囲が広く、いろいろな食材と相性が良い。水分を少なめに仕上げ、オアハカ風エンパナーダ（トウモロコシのマサにオアハカ風チーズや鶏肉をはさんで作る）に入れたりもする。

Mole Verde Oaxaqueño
モレ・ベルデ・オアハケーニョ

豚肉のオアハカ風緑のモレ

一般的にモレ・ベルデというとピピアン・ベルデのことを指しますが、オアハカ地方では、このフレッシュな材料のみで作る、ハーブの香り豊かなモレをそう呼びます。豚肉と白豆を合わせるのが定番です。

材料（1皿分）

- 豚肩ロース …… 500g
- A
  - ジャガイモ …… 1個
  - インゲン …… 3本
  - 白インゲン豆 …… 少々
- オアハカ風モレ・ベルデ …… 300㎖

作り方

1. 豚肩ロースは3等分し、塩小さじ1（分量外）をすり込んで鍋にひたひたの水と香味野菜（分量外）と共に入れ、柔らかくなるまで茹でる。時々、アクと脂を取り除く。
2. Aは各々茹でる。
3. 1の鍋から肉を取り出し、煮汁は濾しておく。
4. 別の鍋にモレ・ベルデを入れ3の煮汁で少しのばして火にかける。2と3の肉を食べやすい大きさに切って入れ、しばらく煮る。味を見て塩分を調整。ソースとスープの中間くらいの緩さになるように煮汁を入れる。深めの器に盛る。

オアハカ風 モレ・ベルデ

材料（3皿分）

- A
  - タマネギ …… 1/2個
  - ニンニク …… 1片
- ラード（またはサラダ油）…… 大さじ1
- B
  - 緑トマト（缶）…… 250g
  - 鶏スープ（P60）…… 500㎖
- ピーマン …… 3個
- C
  - 青唐辛子 …… 1本
  - イタリアンパセリ …… 1枝
  - コリアンダー …… 1枝
  - 塩 …… 5g
- トルティーヤ用マサ（P33）… 10g

作り方

1. Aは粗みじん切りにしてラードで炒める。しんなりしたらBを加えて沸騰させる。
2. ピーマンはヘタと種を取り、薄く油（分量外）をひいたフライパンに入れ、蓋をして火にかけ、しんなりさせる。
3. ミキサーに1と2、Cを入れてピュレ状にする。
4. 3を鍋に戻して沸騰させる。半カップほど取って小さなボウルに入れ、マサを入れて混ぜて溶かす。
5. 4を鍋に戻して混ぜ、約5分、中弱火で煮る。味を見て塩分を調節する。

調理のコツ

手に入ればフレッシュな緑トマトを使うとより本格的になる。また、オアハカではオハ・サンタやエパソテというハーブも入れる。

a

b

c

アロス・トリコロール

Arroz Tricolor

アロス・トリコロール

3色ライス

メイン料理の付け合わせに登場する3色の米料理をメキシコ国旗風に盛り付け
ました。パーティ料理にもうってつけです。

a 緑ご飯

Arroz Verde ／アロス・ベルデ

材料

Ⓐ タマネギ …… 1/2個
ニンニク …… 1片
水 …… 1.1ℓ
ピーマン …… 6個
Ⓑ コリアンダー
（太い茎は除く）…… 25g
青唐辛子 …… 1、2本
サラダ油 …… 大さじ2
米 …… 5合
鶏スープ（P60）…… 200㎖
Ⓒ 塩 …… 10g
ライムジュース …… 12㎖

作り方

1 Aをみじん切りにする。
2 水の半量を火にかけ、沸騰したら、ヘタと種を取り除いたピーマンを入れて軽く茹でる。
3 2とBを滑らかになるまでミキサーにかける。
4 30cmの平鍋に油を熱し、中火で1を炒める。しんなりしたら米を加え、さらに炒める。
5 米の表面が透き通ってきたら残りの水とスープ、3を加える。
6 強火にして沸騰したらCを加え蓋をして、弱火で20分煮、その後15分ほど蒸らす。

b 白ご飯

Arroz Blanco ／アロス・ブランコ

材料

Ⓐ タマネギ …… 1/2個
ニンニク …… 1片
サラダ油 …… 大さじ2
米 …… 5合
Ⓑ 水 …… 1.1ℓ
鶏スープ（P60）…… 200㎖
塩 …… 10g

作り方

1 Aをみじん切りにする。
2 30cmの平鍋に油を熱し、中火で1を炒める。しんなりしてきたら米を加え、さらに炒める。
3 米の表面が透き通ってきたらBを加える。
4 強火にして沸騰したら塩を加え蓋をして、弱火で20分煮、その後約15分蒸らす。

c メキシコ風トマトピラフ

Arroz a la Mexicana ／アロス・ア・ラ・メヒカーナ

材料

タマネギ …… 1/2個
サラダ油 …… 大さじ2
米 …… 5合
Ⓐ 水 …… 1.1ℓ
サルサ・ロハ（P51）…… 200㎖
塩 …… 10g

作り方

1 タマネギをみじん切りにする。
2 30cmの平鍋に油を熱し、中火で1を炒める。しんなりしてきたら米を加え、さらに炒める。
3 米の表面が透き通ってきたら、Aを加える。
4 強火にして沸騰したら塩を加え蓋をして、弱火で20分煮、約15分蒸らす。

145

アロス・ア・ラ・トゥンバーダ

Arroz a la Tumbada

アロス・ア・ラ・トゥンバーダ

魚介類の炊き込みご飯

ベラクルス地方のシーフードリゾット風な名物料理。本来はカスエラ（土鍋）で作り、できたらそのままテーブルに出します。カスエラの代わりに日本の土鍋で作ってもよいでしょう。

材料（2人分）

Ⓐ
有頭エビ …… 2尾
アサリ …… 100g
白身魚切り身 …… 80g
渡りガニ …… 1/2杯

Ⓑ
ヤリイカ …… 40g
茹でタコ …… 40g

タマネギ …… 1/4個

Ⓒ
トマト …… 大1個（約180g）
ニンニク …… 1片

Ⓓ
塩 …… 1g
青唐辛子 …… 1/2本

オリーブ油 …… 大さじ1
魚スープ …… 150㎖
アロス・ブランコ
（P145） …… 1.5カップ
コリアンダー、ライム …… 各適量

作り方

1. 有頭エビは背中の関節から竹串を入れて背わたを取る。アサリは砂抜きする。ヤリイカは内臓を取り皮をむいて1cmの輪切り、タコはぶつ切り、白身魚は4等分、渡りガニは半分に切る。タマネギをみじん切りにする。
2. Cはオーブンでロースト、またはフライパンで蓋をして焼いて柔らかくし、各々皮を取る。
3. 2にDを加えてミキサーにかける。
4. 鍋にオリーブ油を熱してタマネギを炒め、しんなりとしたらAを入れ、魚スープも加えて強火にして蓋をする。
5. アサリが開いたら3とBも入れてさらに少し煮る。イカに火が通ったらアロス・ブランコを入れる。木べらで全体を混ぜながら米にスープを吸わせ、リゾット状になったら火を止める。
6. 器に入れ、粗みじん切りにしたコリアンダーを散らし、ライムを添える。

魚スープ

鍋に鯛など白身魚のアラを1尾分入れ、ありあわせの香味野菜とローリエ1枚、水1ℓと白ワイン50㎖を入れて火にかけ、アクをすくいながら10分ほど煮てから濾す。

a／フリホーレス・デ・オジャ
b／フリホーレス・レフリートス

a Frijoles de Olla

フリホーレス・デ・オジャ

黒豆の煮込み

一般の家庭や食堂で料理の付け合わせに出されることが多い、シンプルな豆の煮込み。メキシコの香草エパソテを一枝入れて香りをつけてもよいでしょう。

材料（6皿分）

ブラックビーンズ …… 400g
水 …… 1ℓ
A｜タマネギ
　（粗みじん切り）…… 3/4個
　ローリエ …… 1枚
　サラダ油
　（またはラード）… 大さじ2
塩 …… 10g

作り方

① 豆は洗って一晩水に浸しておく。
② 鍋に1の豆と水、Aを入れて火にかける。沸騰したら蓋をして弱火にし、豆が柔らかくなるまで約2時間煮る。途中、煮汁が減ったら水を足し、常に煮汁が豆をおおっている状態を保つ。
③ 豆が充分柔らかくなったら塩を入れて味を調える。

b Frijoles Refritos

フリホーレス・レフリートス

豆ペースト

メイン料理の付け合わせやパンやトルティーヤに塗って食べるフリホーレスのペースト。

材料（約7.5ℓ分）

ブラックビーンズ …… 2kg
水 …… 4ℓ
タマネギ …… 3個
ニンニク …… 4片
ラード
（またはサラダ油）…… 90mℓ
塩 …… 54g
カッテージチーズ …… 適量

作り方

① 豆はザルにあけて流水で洗い、水と共にポットに入れ、冷蔵庫で一晩置く。
② タマネギは厚めにスライスし、ニンニクは半分に割って芯を取る。
③ 圧力鍋に1と2、ラードを入れて蓋をし、火にかける。沸騰したら弱火にして約1時間煮る。
④ 豆が充分柔らかくなっていたら塩を入れ、ハンドミキサーでピュレ状にする。盛り付け、カッテージチーズを散らす。

調理のコツ

豆は外国産のものだと、小石などの異物が混入していることがあるので調理する前に皿にあけてチェックする。豆は、小豆やウズラ豆などでもよい。
普通の鍋を使ってもよいが、圧力鍋だと時間を大幅に短縮できる。また、豆の乾燥度合によって水の量、煮る時間が変わるので注意。

Frijoles Charros
フリホーレス・チャーロス

カウボーイビーンズ

アメリカ南部の有名料理のひとつ、チリコンカンのメキシコ版です。メキシコでカウボーイはチャーロと呼ばれます。

調理のコツ

煮汁が冷めていく時に味が豆に染みていくので、できれば、食卓に出す前に2時間くらい置くとよい。
いろいろな料理の付け合わせとして使われることが多いが、ベーコンが入って味もしっかりしているので、このまま、トルティーヤと共に食べてもよい。

材料（約5人分）

レッドキドニービーンズ …… 380g
水 …… 1ℓ
A｜タマネギ …… 3/4個
　｜ニンニク …… 2片
ベーコンスライス …… 100g
サラダ油 …… 小さじ2
チレ・デ・アルボル …… 1〜2本
ローリエ …… 1枚
B｜クミン …… 小さじ1
　｜オレガノ …… 2つまみ
　｜塩 …… 10g
C｜タマネギ（スライス）
　｜ラディッシュ（スライス）
　｜コリアンダー
　｜（粗みじん切り）… 各適量

作り方

1. 豆はザルにあけ、流水で洗い、傷ついた豆があったら取り除く。
2. 1を水とポットに入れ、冷蔵庫で一晩置く。
3. Aは粗みじん切りにし、ベーコンは5mm幅に切る。
4. 鍋に油を熱して中火で3のAを炒め、しんなりしたらベーコンも加えてさらに炒める。ベーコンの脂がほぼ溶けだしたらチレ・デ・アルボルをハサミで2mmほどの輪切りにして加え、約10秒炒めたら2を入れ強火にする。
5. 4が沸騰したら火を弱め、浮いてきたアクをすくい、ローリエを入れて蓋をして約1時間煮る。
6. 途中、煮汁の量をチェックし、充分に豆が煮汁に浸かっている状態を保つようにする。
7. 蓋を開けて豆が指の腹で押して潰れるくらい柔らかくなっていたら、Bを入れてさらに約5分煮て火を止める。塩、水分を調整する。
8. 皿に入れ、Cをトッピングする。

Huevos Ahogados
ウエボス・アオガードス

チョリソの溺れ卵

卵がソースの中で溺れているように見えるのが語源の卵料理。トルティーヤかパンを添えていただきます。

材料（1皿分）

チョリソ（P110）…… 1本
油 …… 適量
A | サルサ・ロハ（P51）… 120㎖
　| 水 …… 大さじ1
塩 …… 1つまみ
卵 …… 2個
インゲン …… 3本
カッテージチーズ …… 適量

作り方

1. チョリソは5等分に切り、インゲンは茹でる。
2. フライパンに油をひいて熱し、チョリソを炒める。半分くらい火が入ったらAを加え、沸いたら塩を加えて火を止める。
3. 2を直径15cmの耐熱皿に入れ、卵を割り入れる。インゲンを半分に切って入れ、180℃に熱したオーブンで卵が半熟になるまで熱する。
4. カッテージチーズを散らす。

ウエボス・ランチェロス／ウエボス・ア・ラ・メヒカーナ

Huevos Rancheros
ウエボス・ランチェロス

牧場風目玉焼き

牧童たちが朝食によく食べていたというメキシコの朝ご飯の定番。豆ペーストとトルティーヤを添えるとよい。この料理のアレンジとして卵の一つにサルサ・ランチェラ、もう一つにサルサ・ベルデ（P53参照）をかけた「離婚した卵（ウエボス・ディボルシアードス／Huevos Divorciados）」、ユカタン半島のモトゥル発祥とされる、ハムとグリーンピースを添えた「ウエボス・モトゥレーニョス／Huevos Motuleños」などがあります。

材料（1皿分）
トルティーヤ
（P33）…… 2枚
サラダ油 …… 適量
卵 …… 2個
塩 …… 少々
サルサ・ランチェラ …… 150㎖

作り方
1. フライパンに油を少し多めに入れて熱し、トルティーヤを軽めに揚げる。トルティーヤが硬くなる前に油から上げること。
2. ペーパータオルで1の油を切って皿にのせる。
3. 1のフライパンの油を減らして卵を割り入れ、軽く塩を振って蓋をし、目玉焼きを作る。
4. 3を2の上にのせ、温めたサルサ・ランチェラをかける。

サルサ・ランチェラ /Salsa Ranchera

材料
トマト …… 2個（300g）
青唐辛子 …… 1〜2本
サラダ油 …… 小さじ1
A｜タマネギ …… 1/4個
　｜ニンニク …… 1片
塩 …… 3g

作り方
1. トマトはオーブンでローストしてヘタと皮を取り、ザク切りにする。青唐辛子は2mm幅にスライスする。
2. 鍋に油を熱して粗みじん切りしたAを炒め、しんなりしたら1と塩を加えてさっと煮る。

> **調理のコツ**
> サルサ・ランチェラはあえてなめらかにせず、ざっくりとした感じに仕上げる。

Huevos a la Mexicana
ウエボス・ア・ラ・メヒカーナ

メキシコ風スクランブルエッグ

朝食で人気の卵料理です。チョリソ（P110参照）を加えても美味しいです。豆ペースト（P149参照）とトルティーヤチップス（P51参照）を添えます。

材料（1皿分）
卵 …… 2個
サラダ油 …… 小さじ1
サルサ・メヒカーナ
（P23）…… 大さじ4

作り方
1. 卵を溶く。
2. フライパンにサラダ油を入れて熱し、1を入れる。スクランブルエッグを作る要領でかき混ぜながら強火で熱し、半分くらい火が入ったらサルサを入れてさらに混ぜながら加熱する。
3. 卵にほぼ火が入ったら味を見て、足りなければ塩を足す。

Empanadas
エンパナーダス

メキシカンパイ

小麦粉で作った生地で具を包んだ半円形のパイ。語源はパンで包む意のEmpanar。スペイン伝来で、ラテンアメリカ各地で食されています。メキシコではトウガラシを入れ朝食や軽食として食べます。中の具が果物など甘いものも。また、マサを生地にしたものもあります。

材料（8個分）

バター（またはラード）…… 135g
薄力粉 …… 300g
BP …… 2g
卵 …… 1個
塩 …… 4g
牛乳 …… 70㎖

作り方

1. バターは小さく刻み、薄力粉はふるって、全ての材料をボウルでさっくりと合わせて冷蔵庫で約2時間ほど休ませる。
2. 1を取り出して8等分する。台に打ち粉（分量外）をして麺棒で直径約15cmの円形に伸ばし、中央にフィリングをのせる。
3. 2の端に溶き卵（分量外）を塗って閉じ、開かないように端をねじる。表面にも溶き卵を塗る。
4. 180℃に熱したオーブンで約20分焼く。

調理のコツ
生地を合わせる時は、食感が悪くなるのであまりこねすぎないようにする。また、フィリングはよく冷ましてから使用する。牛肉はモモ、ロース、カルビなどの赤身肉がおすすめ。

牛肉フィリング

材料（4個分）

牛肉 …… 200g
A ┃ タマネギ …… 1/2個
　┃ ニンニク …… 1片
　┃ イタリアンパセリ …… 1枝
　┃ チレ・セラーノ（または青唐辛子）…… 1/2本
ジャガイモ …… 小1個
オリーブ油 …… 大さじ1
テキーラ …… 大さじ1
塩 …… 6g

作り方

1. 牛肉は5mm角に切る。Aはみじん切り、ジャガイモは皮付きのまま茹でて皮をむいて1cm角に切り、軽く塩をする（分量外）。
2. フライパンにオリーブ油を熱し、タマネギ、ニンニクを炒める。しんなりしてきたらチレ、牛肉を加えてさらに炒め、塩を加える。
3. しっかりと火が通ったらテキーラを振り入れて水気がなくなるまで加熱する。イタリアンパセリ、ジャガイモを加えて混ぜる。

エビフィリング

材料（4個分）

エビ …… 200g
トマト …… 2個
A ┃ タマネギ …… 1/2個
　┃ ニンニク …… 1片
B ┃ チレ・ハラペーニョ …… 1/2本
　┃ グリーンオリーブ …… 4個
　┃ ケッパー …… 小さじ1
　┃ コリアンダー …… 1枝
オリーブ油 …… 大さじ1
塩 …… 2g

作り方

1. エビは1cm幅に切る。トマトはオーブンでローストして皮を取り1cm角に切る。AとBは全てみじん切りにする。
2. フライパンにオリーブ油を熱し、Aを炒める。しんなりしたらBと1のエビとトマトを加えて、水気がなくなるまで加熱し、塩を加える。

Empanadas Recetas

> **COLUMNA**
>
> # メキシコの地方の食文化
>
> 地方によって様々な食文化が発達し、独特な伝統食が多数あるメキシコ。代表的な地域の食と文化の概要をご紹介していきます。

Text: Shida Asami, Photo: メキシコ観光局

オアハカ
Oaxaca

メキシコ市から南へ約450kmに位置するオアハカ州。サポテコやミシュテコといった多くの先住民族が今なお暮らし、スペイン人が上陸する以前の先スペイン期から続く固有の文化が、最も色濃く残る地域のひとつです。山と海の豊かな食材に恵まれた美食の地としても世界的に知られています。

州都オアハカ市は、16世紀にスペイン人が街の基礎を築き、急成長。世界遺産に指定されている歴史地区を歩けば、色とりどりのパステルカラーで調えられたコロニアル調の可愛らしい街並みが広がる。

さけるチーズのモデルになったといわれる、繊維状のフレッシュチーズ「ケシージョ(Quesillo)」。市場で毛糸玉のように巻かれて売られる。モッツァレラチーズのような弾力で、ほのかな塩味が効いた淡白な味わい。

オアハカでは古代より動物性タンパク質の補給源として、昆虫食が受け継がれている。定番はチャプリネス(Chapulines)と呼ばれるバッタ。熱湯で茹で、ニンニクや塩と炒めたら、サルサなどに混ぜて食べる。

良質なカカオが採れるオアハカは、チョコレートも名物。カカオにアーモンドやシナモンを好みで加えて作ったチョコレートを牛乳や湯で溶かし、モリニージョと呼ばれる棒でふんわり泡立てたチョコラテ(Chocolate)は、朝食の定番。

MÉXICO

Golfo de México

Océano Pacífico

メキシコ市

オアハカ州
Oaxaca

オアハカ市郊外に広がる竜舌蘭の畑。この竜舌蘭からできる蒸留酒メスカルは、オアハカ産が随一との呼び声も。竜舌蘭に寄生する芋虫を入れた個性的なメスカルはお土産におすすめ。

トウガラシのバラエティがメキシコで最も豊かといわれるオアハカ。メキシコを代表する家庭料理「モレ」も、用いられるトウガラシの多様さから、黒や黄、緑など実に7色のモレを楽しめることで有名。

トウモロコシとカカオが主原料のノンアルコール飲料「テハテ（Tejate）」は、先スペイン期よりオアハカで愛飲されてきた。ヒカラと呼ばれるヒョウタンの外皮で作られたカラフルなお椀が、コップとして使われる。

メキシコ版のお盆「死者の日」シーズンのみ作られる「死者のパン（Pan de Muerto）」。メキシコ全土で見られる骨のような十字模様をあしらったものとは異なり、オアハカでは可愛らしい顔の飾りがささったものが街中で見られる。

COLUMNA
メキシコの地方の食文化

プエブラ
Puebla

プエブラ州は、ヨーロッパへの玄関口となるメキシコ湾岸と首都メキシコ市を結ぶ交易路にあり、同時にキリスト教布教の拠点として発展してきた州です。メキシコとヨーロッパの文化が交わる中で、先住民族の伝統料理に新たな食材や調理法を加えた料理が、修道女たちによって確立されました。そのため、現在親しまれているメキシコ料理には、プエブラで育まれたものが数多くあります。

プエブラへはメキシコ市から車でおよそ1時間半。世界最大級のピラミッド頂上に建てられたレメディオス教会と、後ろにそびえ立つ標高5,000m以上の活火山ポポカテペトルの姿は圧巻！

毎年9月16日のメキシコ独立記念日シーズンに作られる「チレス・エン・ノガーダ（Chiles en Nogada）」（P93参照）。プエブラの伝統料理だが、食材の緑、白、赤が国旗の色と結び付き、行事食としてメキシコ各地に定着している。

チョコレートを使った「モレ（Mole）」もプエブラ生まれ。鶏肉や七面鳥にかけて食べることが多く、チョコ色のモレは発祥地のプエブラに由来した「モレ・ポブラーノ（Mole Poblano）」（P137参照）の呼称で親しまれている。

プエブラの人々に愛される「セミータ（Cemita）」は、トルタ（メキシコ版サンドイッチ）のひとつ。アボカドやミラネッサ、ストリングス・チーズなどをゴマ付きパンの間に挟んだボリューム満点の一品。

MÉXICO

Golfo de México

Océano Pacífico

メキシコ市

プエブラ州
Puebla

揚げたてのトルティーヤにサルサ・ベルデとサルサ・ロハ、そして豚肉もしくは鶏肉を載せた「チャルパ(Chalupa)」。プエブラの人気ソウルフードで、街中のレストランや屋台で食べることができる。

牛肉やアボカドを挟み、トマトとトウガラシがベースのピリ辛サルサに浸した「チャンクラス(Chanclas)」。スペイン語でサンダルを意味する名前のとおり、1オーダーで2個もらえるのが嬉しいプエブラ大衆食。

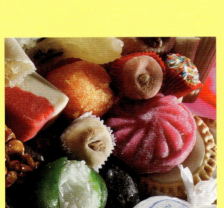

プエブラはメキシカン・スイーツの宝庫。中でも定番は「カモテ(Camote)」という伝統菓子。砂糖を加えたサツマイモのペーストを花の形やスティック状にまとめたもので、ピンク色をしたイチゴ味などもある。

スペインから伝えられた陶器「タラベラ焼」の産地として名高いプエブラ。世界遺産に登録されている州都プエブラの歴史地区を歩けば、タラベラ焼の色鮮やかなタイルで飾られた華麗な建造物があちこちに。

COLUMNA
メキシコの地方の食文化

バヒオ地区
El Bajío

メキシコの中央高原地帯にあるバヒオ地区。1600年代に世界で採れた銀の6割以上がこのバヒオ地区で産出されたことで栄え、スペインからの独立革命の舞台となったコロニアルシティが点在します。中でもハリスコ（Jalisco）、グアナファト（Guanajuato）、ミチョアカン（Michoacán）の3州には、メキシコのエッセンスが凝縮されていて、まさにメキシコの縮図といえます。

ハリスコ州の州都グアダラハラ中心部に佇むカバーニャス救貧院（世界遺産）は、貧しい人々を救うため1810年に完成。当時そこで修道女が孤児たちのために作ったプリンに似た「ヘリカージャ（Jericalla）」は、今なお街で愛されるデザート。

世界四大蒸留酒のひとつに数えられる「テキーラ」の故郷、ハリスコ州。原料のブルーアガベを収穫する際に切り落とされた葉を捨てず、料理に用いる発想はユニークで見た目にも楽しく、この地ならでは。

グアダラハラからテキーラの産地テキーラ村へは、ハリスコ州発祥の伝統楽団マリアッチとテキーラの両方を堪能できる観光列車ホセ・クエルボ・エクスプレスがおすすめ。主な蒸留所は見学や試飲ができるなど、アクティビティも充実。

ハリスコ州政府観光局直伝のテキーラの飲み方は、①鼻で息を吸って②テキーラを口に少量含み③舌の上で転がし香りや味を楽しんだ後④飲み込み息を口から吐くというもの。「キスするように」ゆっくり味わうのがメキシコ流。

MÉXICO

Golfo de México

グアナファト州
Guanajuato

メキシコ市

ハリスコ州
Jalisco

Océano Pacífico

ミチョアカン州
Michoacán

グアナファト州が有す世界遺産都市グアナファト。その中心部にあるイダルゴ市場は、メキシコ独立100周年に合わせ創立。「カヘータ（Cajeta）」（P173参照）と呼ばれるヤギ乳で作るグアナファト州特産のキャラメル菓子など、様々な食品や民芸品が集まる。

ワイン好きでもメキシカンワインの存在を知っている人は少ない。グアナファト州は近年ワイナリーの数が一気に増え、手造りにこだわった「クナ・デ・ティエラ（Cuna de Tierra）」が急速に評価を高めるなど、国内外のワイン通から注目される産地となりつつある。

ミチョアカン州には伝統的な食文化を受け継ぐ先住民が多く暮らし、メキシコ料理が無形文化遺産に指定された際は、この州の伝統料理がモデルにされた。州北部のパツクアロ湖で獲れる白身魚の料理は名物のひとつ。

ミチョアカン州内でとりわけ伝統が強く守られているとされるパツクアロ湖の湖畔地域。湖に浮かぶハニッツィオ島では、蝶のような形をした独特の網を使う伝統漁法を今も目にすることができる。

161

> COLUMNA
> メキシコの
> 地方の食文化

マヤ・ワールド
Mundo Maya

メキシコ南東部のユカタン州、キンタナ・ロー州、カンペチェ州の3州から成るユカタン半島と、その基部に位置するタバスコ州とチアパス州。これらの地域で、世界遺産チチェン・イッツァなどの遺跡に代表されるマヤ文明が栄えました。広大な森林地帯を擁し、海に近い高温多湿な気候が生んだ独特な食文化を、様々な料理の中に見つけることができます。

ユカタン半島はカリブ海とメキシコ湾に面し、美味しい海の幸が堪能できるのも魅力。新鮮なシーフードにタマネギやトマト、コリアンダーなどを加えてライムで和えたマリネ「セビーチェ(Ceviche)」(P119参照)は絶品。

さっぱりした味わいの「ソパ・デ・リマ(Sopa de Lima)」(P63参照)は、ユカタン半島の代表的なスープ。他にもコリアンダーのクリームスープ「クレマ・デ・シラントロ(Crema de Cilantro)」も人気。

ユカタン郷土料理「コチニータ・ピビル(Cochinita Pibil)」(P105参照)。紅木の実「アチオテ(Achiote)」のペーストを溶かしたオレンジ果汁に、豚肉を漬け込んだ後、バナナの葉に包んで蒸し焼きにする。

ユカタン半島で食べられる「サルブーテ(Salbute)」は、揚げトルティーヤにチキンやトマト、赤タマネギの酢漬けを少量のせたタコス。フリホーレスを塗った「パヌーチョス(Panuchos)」(P48参照)と共に人気の屋台料理。

MÉXICO

Golfo de México

ユカタン州
Yucatán

カンペチェ州
Campeche

メキシコ市

タバスコ州
Tabasco

Océano Pacífico

キンタナ・ロー州
Quintana Roo

チアパス州
Chiapas

ビーチリゾートとして名高いカンクンなどで人気の「マヤ・コーヒー（Café Maya）」。マヤが起源とされる蜂蜜リキュール「シタベントゥン（Xtabentún）」とブランデーをコーヒーにブレンドしたもので、海を眺めながらいただく1杯は格別。

隣国グアテマラと国境を接するチアパス州は、人口の約3割をマヤ系先住民族が占める。首都からは飛行機で1時間強。先住民族の集落では、古代より代々受け継がれた食文化が現在も息づいている。

メキシコ湾に面するタバスコ州の名物古代魚「ペヘラガルト（Pejelagarto）」。ワニのような顔を持つ淡水魚で、迫力満点の姿焼きをはじめ、身をタコスやエンパナーダスの具にするなど、食べ方はバラエティに富む。

タバスコ州とチアパス州はカカオの名産地。マヤの時代からカカオは珍重され、通貨としても使われていた。マヤ遺跡の出土品には、カカオを淹れたり飲んだりする当時の様子が描かれている。

> COLUMNA
> メキシコの地方の食文化

バハ・カリフォルニア半島とベラクルス

Península de Baja California y Veracruz

荒々しい太平洋と穏やかな内海のコルテス海に囲まれたバハ・カリフォルニア半島。18世紀までスペインとの貿易が許された唯一の港として栄えたメキシコ湾岸のベラクルス州。いずれの地域においても、美しい海、グルメ、歴史、文化といった豊かな自然がもたらす様々な魅力が広がり、そのバリエーションの豊かさは訪れる者を魅了します。

太平洋とコルテス海が出会うバハ・カリフォルニア半島最果ての地に開かれた街ロスカボスは世界屈指のリゾート地。アメリカのロサンゼルスからは飛行機で2時間ほど。マリンスポーツはもちろん、ゴルフやトレッキングも盛ん。

バハ・カリフォルニア半島中部の太平洋岸にあるゲレーロ・ネグロは世界最大の塩田。「伯方の塩」の原産地でもある。周辺海域の世界遺産「ビスカイーノ湾」はコククジラの繁殖地で、世界のコククジラの半分がここで生まれている。

豊饒な海の幸に恵まれ、各地でロブスター、カキ、アワビ、マグロなど獲れたての新鮮な魚介料理を味わうことができるのもバハ・カリフォルニア半島の魅力。また、おなじみのシーザーサラダやマルガリータ（P186参照）もここが発祥の地。

バハ・カリフォルニア半島に自生する黄色い花が印象的な植物ダミアナ（Damiana）。古代より媚薬としても使われているそうで、このダミアナを原料にしたリキュールで作るマルガリータは、この地域ならでは。

バハ・カリフォルニア半島
Península de Baja California

MÉXICO

Golfo de México

ベラクルス州
Veracruz

メキシコ市

Océano Pacífico

恵まれた気候条件の下、優れた品質のワイン生産で有名なバハ・カリフォルニア半島。太平洋沿岸のエンセナーダと内陸のテカテを結ぶ山あいの道には、数多くのワイナリーが点在。メキシコの「ワイン街道」として知られる。

アメリカとの国境に程近いティファナやテカテ、メヒカリ、エンセナーダといったバハ・カリフォルニア半島北部の地域は、ビールの産地としても有名。ビール工場では見学も可能。

ベラクルス州は、日本でも非常に馴染み深く、甘い香りで世界的に有名な「バニラ（Vanilla）」の原産地。バニラはラン科のつる性植物で、多湿かつ雨量の多い気候を好むため、同州はバニラの生産に最適。

メキシコ湾に面するベラクルス州の郷土料理「ワチナンゴ・ア・ラ・ベラクルサーナ（Huachinango a la Veracruzana）」（P123参照）。ワチナンゴという鯛にケッパーやオリーブを加えたトマトベースのソースをかけて焼いたもの。

Recetas

8

デザート

POSTRES

ポストレス

メキシコにも昼食後にちょっとしたデザートを食べる習慣があります。ライスプディングのアロス・コン・レチェ（Arroz con Leche）やフルーツの甘い練り羊羹のような菓子アテ（Ate）、ゼリー（ヘラティーナ／Gelatina）などが定番です。マヤやアステカ時代から、果物を使ったデザートは多種ありましたが、卵や砂糖を使用した伝統的なお菓子の多くは、スペイン植民地時代に修道院で教えられ、広まったものです。よって、スペインやラテンアメリカ諸国で食される伝統菓子がメキシコ流にアレンジされているものが多いです。

カヘータ（Cajeta）というヤギのミルクで作った濃厚でねっとりしたキャラメルはプリンやケーキ、クレープなどにも使われ、人気です。ケレタロ州のペニャ・デ・ベルナル村など様々な地域で作られています。牛乳を使うとドゥルセ・デ・レチェ（Dulce de Leche）と呼ばれます。

ほかに、メキシコならではのフレーバーとしては、牛乳を沸騰させた時にできる膜、ナタ（Nata）があり、これを使用したケーキやパン、焼き菓子なども多くみられます。

誕生日や結婚式、クリスマスなどのお祝い事の際には、ケーキが欠かせません。チョコレートケーキやカラフルに装飾されたトレス・レチェス（Tres Leches）など甘いケーキが人気です。プリンとチョコレートケーキの種を同時に型に入れて焼くのに不思議と混ざり合わないことから「不可能なケーキ」と呼ばれるパステル・インポシブレ（Pastel Imposible）も知られています。

1

2

3

4

5

6

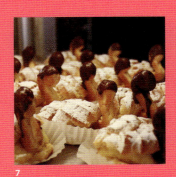
7

8

1. 干しブドウ（パサ／Pasa）入りのヘラティーナ。2. シナモンを刺したアロス・コン・レチェ（P174参照）。3. 甘酸っぱいデザート菓子、アテ。4. 甘くて濃厚なプリンのフラン（P172参照）。5. カフェの定番デザート、パステル・インポシブレ。6. 砂糖をまぶした揚げ菓子のブニュエロ（P177参照）。7. 白鳥の形のシュークリームも人気。8. タマリンドなどで作られた甘いデザート。

パステル・デ・トレス・レチェス

Pastel de Tres Leches

パステル・デ・トレス・レチェス

ミルク3種類のケーキ

3種類のミルクを混ぜたものにスポンジケーキを浸して作る甘いケーキです。誕生日や結婚式など大勢で集まるパーティの定番デザートとして人気があります。

材料（8人分）

＜スポンジケーキ＞

卵 …… 4個

A| 薄力粉 …… 25g
| 強力粉 …… 25g

バター …… 25g

砂糖 …… 80g

B| コンデンスミルク …… 100㎖
| エバミルク …… 75㎖
| 生クリーム …… 75㎖

＜デコレーション＞

生クリーム …… 400㎖

砂糖 …… 60g

イチゴ …… 1パック

作り方

1　18cmのケーキ型に紙を敷く。卵は室温に戻し、卵黄と卵白に分けて、それぞれボウルに入れる。オーブンを200℃に温めておく。

2　ハンドミキサーで卵白を泡立てる。砂糖の半量を2回に分けて入れ、角がしっかりと立つメレンゲ状になるまで泡立てる。

3　卵黄に残りの砂糖を加え、ハンドミキサーでもったりとリボン状になるまで泡立てる。

4　3に、2の半量を加えてゴムベラでさっくりと合わせる。

5　4に合わせてふるったAを加え、気泡をつぶさないように混ぜる。溶かしたバターも加えてさっと合わせる。

6　5に残りの2を加えて気泡をつぶさないように注意してさっと合わせる。

7　6を型に流し、200℃のオーブンで約40分焼き、取り出したらケーキクーラーなどで冷ます。

8　Bをボウルに入れて混ぜ合わせる。

9　7を水平にカットし、8を全体にゆっくり回しかけて染み込ませる。

10　半量の生クリームに半量の砂糖を入れ、九分立てくらいに泡立てる。

11　9の間に10の生クリームとイチゴを半量のせて挟む。

12　残りの生クリームと砂糖を七分立てに泡立てて11を覆い、形のよいイチゴを飾る。

イチゴ
イチゴは形のよいものを8個取り分けてトッピング用とする。残りは大きければ半分にスライスしてケーキの間に挟む。

Flan
フラン

メキシコ風プリン

スペイン伝承のカスタードプディングです。卵やコンデンスミルクをたっぷり入れた濃厚な味わいです。

材料(8個分)

A
- 牛乳 …… 450㎖
- コンデンスミルク … 150㎖
- エバミルク …… 150㎖
- 砂糖 …… 26g

バニラビーンズ …… 1/4本
卵 …… 5個

<カラメルソース>
カラメル用砂糖 …… 100g
水 …… 大さじ1

作り方

1. カラメルソースを作る。材料を鍋に入れて強火にかけ、焦げ茶色になったら直径18㎝のプリン型に流し込む。
2. Aと横に切れ目を入れたバニラビーンズを鍋に入れて火にかける。コンデンスミルクが沈んで焦げやすいので木べらでかき混ぜながら加熱し、砂糖が溶けたら沸騰前に火を止める。
3. ボウルに卵を入れてかき混ぜる。2の粗熱が取れたら加え、さらに混ぜる。
4. 3を目の細かいザルで濾して1の型に入れる。
5. 4を湯煎にかけ、そのまま150℃のオーブンで約1時間加熱する。

Crepas con Cajeta
クレパス・コン・カヘータ

キャラメルソースの クレープ

カヘータとは、ミルクと砂糖をシナモンやバニラと一緒に煮詰めて作るキャラメルのこと。メキシコでは、ヤギのミルクから作られたものが人気で既製品が多数売られていますが、こちらでは牛乳を使って作る自家製のカヘータとソース、クレープの作り方をご紹介します。

材料（1皿分）

クレープ …… 3枚
カヘータソース …… 適量
ペカンナッツ …… 10g

＜クレープ＞
Ⓐ 薄力粉 …… 100g
　 砂糖 …… 大さじ1
卵 …… 2個
牛乳 …… 200㎖
バター …… 20g

＜カヘータソース＞（5皿分）
カヘータ …… 150㎖
牛乳 …… 40㎖
バター …… 15g
テキーラ …… 15㎖

＜自家製カヘータ＞（約250㎖）
Ⓐ 牛乳 …… 1ℓ
　 砂糖 …… 180g
　 シナモンスティック … 1本
　 （またはバニラビーンズ1/2本）
BP …… 2g

作り方

1. クレープに温めたカヘータソースを薄く塗り、半分に折り、さらにもう1度折って三角形に。
2. 皿に1を並べカヘータソースをかける。軽くトーストしたペカンナッツを砕いて散らす。

＜クレープ＞

1. Ⓐを合わせてふるう。
2. ボウルに卵を割り入れ、牛乳を加えて混ぜる。1を3、4回に分けて入れ、泡立て器でよく混ぜる。溶かしたバターを加えて混ぜ、冷蔵庫で約1時間ほど休ませる。
3. 薄く油（分量外）をひいたフライパンをよく熱して2の生地を流し入れ、両面を焼く。

＜カヘータソース＞

1. 全材料を鍋に入れて火にかけ、沸騰後中火で少しとろみが出るまで煮詰める。

＜自家製カヘータ＞

1. Ⓐを鍋で火にかけ、沸騰したら中火に。
2. BPをボウルに入れ、1を少量ずつ加えて溶かし、鍋に戻す。キャラメル状になるまで焦げないように度々かき混ぜながら煮詰める。

Arroz con Leche
アロス・コン・レチェ

ライスプディング

ヨーロッパ発祥のお米を牛乳で甘く煮たデザート。メキシコを始め、ラテンアメリカの広い地域で親しまれている。

材料（4個分）

A
| 米 …… 100g
| 水 …… 250㎖
| シナモンスティック …… 1本

牛乳 …… 500㎖
砂糖 …… 100g
レーズン …… 30g
シナモンパウダー …… 少々

作り方

1. 鍋にAを入れ、蓋をして強火にかける。沸騰したら弱火にして、水が蒸発してほぼなくなるまで煮る。
2. 牛乳を少しずつ加え、時折り木べらでかき混ぜながら中火で煮る。粥くらいのかたさになったら砂糖を入れて火を止める。
3. 2の粗熱が取れたらレーズンを入れる。
4. 冷蔵庫で室温よりやや低いくらいまで冷やす。直前にシナモンパウダーを振りかける。

調理のコツ

焦げやすいので注意。牛乳は一度に入れず、何回かに分けて入れた方がよい食感に仕上がる。メキシコ産のシナモンスティックがなければ、セイロンシナモンで代用する。

Sorbete de Limón
ソルベテ・デ・リモン

ライムのシャーベット

材料（8人分）

A｜ 砂糖 …… 40g
　　水 …… 220㎖
ライムの搾り汁 …… 60㎖
ライムの皮 …… 1/2個分
シタベントゥン …… 15㎖
（またはほかのアニスリキュール）

> **シタベントゥン／Xtabentún**
> ユカタン半島のアニスリキュール。地産のハーブなどがブレンドされている。オプションで卵白10g、砂糖2gをメレンゲにして加えると、より滑らかな仕上がりになる。ただし、ライムのきりっとした酸味は和らぐ。

作り方

1. Aを鍋に入れて沸かす。砂糖が溶けたらボウルに移し、下に氷水を当てて冷やす。
2. ライムの皮は塩でこすり、水で洗う。皮はすりおろし、搾り汁と共に1に加える。
3. 2にシタベントゥンを加えて混ぜ、アイスクリームマシンにかける。

Nieve de Mango
ニエベ・デ・マンゴ

マンゴーのシャーベット

材料（5人分）

メキシカンマンゴー …… 300g
（果肉のみ）

A｜ ライム（またはレモン）
　　ジュース …… 10㎖
　　コアントロー …… 10㎖
　　砂糖 …… 50g
　　水 …… 50㎖

> **コアントロー**
> コアントローはオレンジの皮で作られたリキュール。苦手なら省いてもよい。代わりにフルーティなブランコのテキーラを入れても美味しい。

作り方

1. マンゴーは皮と種を取り除いて、Aと共にミキサーでピュレ状にする。
2. 1をアイスクリームマシンにかける。

175

Capirotada
カピロターダ

黒糖入り
パンプディング

ブレッドプディングの一種で、とても豪華なデザート菓子です。謝肉祭から復活祭までの禁肉期間、四旬節（クアレスマ／Cuaresma）の時期によく食べられます。

材料（13×9cmの耐熱皿1個分）

バゲット …… 1/3本
（少し古いもののほうがよい）

Ⓐ
| 黒糖 …… 60g
| パインジュース …… 25㎖
| ダークラム …… 25㎖
| 水 …… 100㎖
| シナモン …… 1/2本
| クローブ …… 1本

<アパレイユ>

Ⓑ
| 卵 …… 1.5個
| 牛乳 …… 50㎖

Ⓒ
| バター …… 20g
| リンゴ …… 1/3個
| クルミ …… 20g
| クリームチーズ …… 35g
| レーズン …… 18g

作り方

1. バゲットは1.5cm角に切って天板に並べ、150℃に熱したオーブンにしばらく入れて乾かす。
2. Aのシロップの材料をすべて鍋に入れ、約135㎖になるまで煮詰める。
3. Bのアパレイユの材料をボウルに入れて混ぜる。
4. レーズン以外のCのトッピングの材料は1cm角に切る。
5. 1の半量をバター（分量外）を塗ってオーブンペーパーを敷いた耐熱皿に隙間なく並べ、Cの半量を上に散らす。
6. 2と3の半量を5にまんべんなくかける。
7. 6の上に残りのバゲットを並べ、Cの残りを散らす。
8. 7に2と3の残りをまんべんなくかける。
9. 8を湯煎にかけ、180℃のオーブンで約30分焼く。

Buñuelo
ブニュエロ

メキシコ風 揚げ菓子

パリパリに薄く揚げたお菓子を甘いシロップに浸して食べるお菓子です。アラブを起源としてヨーロッパに伝わり、スペイン人がメキシコに伝えたもの。ヨーロッパでは砂糖を振りかけ、謝肉祭に食べますが、メキシコでは黒蜜をかけ、クリスマスの時期に食べます。焼きリンゴやバニラアイスを添えても美味しいです。

材料

- A
  - アニスシード …… 2g
  - 砂糖 …… 15g
  - 水 …… 80㎖
- 卵 …… 1個
- 薄力粉 …… 170g
- バター …… 25g
- BP …… 2.5g
- 塩 …… 1つまみ
- 揚げ油 …… 適量

<黒蜜>
- 黒糖 …… 150g
- 三温糖 …… 150g
- 水 …… 500㎖
- シナモンスティック …… 1本
- クローブ …… 3個

作り方

1. Aを鍋に入れて火にかけ、合わせて約50㎖になるまで煮詰めたら濾して冷ます。
2. ボウルに卵、ふるった薄力粉、細かく切ったバター、BP、塩を入れて混ぜる。
3. 生地がまとまったらボウルに15回ほど打ちつけてこねる。
4. 3をラップに包み1時間ほど冷蔵庫で寝かせる。
5. 4の生地で1つ40gに丸めたボールを7個作る。
6. 5を麺棒で直径18cmほどの円形に伸ばし、180℃の油で両面がきつね色になるまで揚げる。
7. 皿に盛って黒蜜をかける。

<黒蜜>
1. 全ての材料を鍋に入れ、約250㎖になるまで煮詰める。

177

COLUMNA
メキシコで愛されるスイーツ

伝統的なお菓子から駄菓子まで、メキシコで食べられているおやつをご紹介します。

先スペイン期からのお菓子

露店や屋台、地下鉄の駅付近でよく見かけるアレグリア（Alegría）はメキシコ原産のヒユ科のアマラント（Amaranto）、パランケタ（Palanqueta）はピーナツ、それぞれキャラメル状の砂糖で固めたものです。これらの素朴なお菓子は、スペイン植民地時代よりも前、先スペイン期から存在していた伝統的なものです。

植民地時代に伝わった伝統菓子

卵や砂糖を使用した伝統的なお菓子のほとんどは、スペイン植民地時代に修道院で教えられ、広まりました。揚げ菓子のブニュエロ（Buñuelo）、ドゥルセ・デ・レチェ（Dulce de Leche）という牛乳の練り菓子、卵白と蜂蜜でできたウエハースにナッツやフルーツのヌガーを挟んだトゥロネス（Turrones）がその代表格です。ポルボロン（Polvorón）は、もともとはスペイン・アンダルシア地方の祝い菓子。語源のPolvoは粉の意味で、パン屋にもよく売っているクッキーのようなサクサクしたお菓子です。

また、フルーツの砂糖漬けフルータ・クリスタリサーダ（Fruta Cristalizada）、リモン・コン・ココ（Limón con Coco）などココナツを使ったお菓子も沢山あります。どこか日本の和菓子屋さんに似た趣がある、これらの伝統菓子を扱う老舗の専門店は、特にプエブラ州が有名で、多数の店舗があります。

さつまいものお菓子

寒い季節の夕方には、ピーッと大きな音を立てて通る手押しの焼き芋屋さんが現れます。日本のような石焼きではなく、薪を使った蒸し焼き芋です。またプラタノ・マッチョ（Plátano Macho）という、甘くない品種の焼きバナナも一緒に売られていて、練乳やジャムをかけていただきます。

また年中手にはいる芋羊羹のようなサツマイモのお菓子（レモン、オレンジなど色と味付けがされている）カモテ（Camote）はプエブラ州が有名で、メキシコ人はサツマイモといえばこのお菓子を思い浮かべるそうです。

1. 手前が羊羹のようなアテ、真ん中にアマラント、パランケタ。奥にオブレアがある。2. 落花生（カカワテ／Cacahuate）とカボチャの種（ペピタ／Pepita）のオブレア。3. 修道院で売られている伝統菓子。4. ありとあらゆる果物が砂糖漬けのクリスタリサーダに。5. ココナツの菓子、リモン・コン・ココ。6. イチジクのカラメリサド（Higo Caramelizado）。

メキシコのアイスクリーム

　アイスクリームはエラード（Helado）、シャーベットはニエベ（Nieve）、棒つきのアイスバーはパレータ（Paleta）と呼ばれ、いずれも露店やチェーン店があって人気のスイーツです。メキシコならではのフレーバーは、牛乳を沸騰させた時にできる膜ナタ（Nata）、ヤギの乳を煮詰めたカヘータ（Cajeta）、アボカド、ウチワサボテン、マラクヤやグアナバナ、マメイなどのトロピカルフルーツ、チレ、テキーラ、メスカルなど。生の野菜やフルーツをカットして混ぜたものなど、ヘルシーなものも沢山あります。

スーパーで買える駄菓子

　トウガラシを使ったお菓子はメキシコならでは。タマリンドやマンゴーのドライフルーツやグミ、キャンディなどにチリパウダーがかけてあり、甘酸っぱく、子どもも大人も大好きです。ナッツやポテトチップス、コーンチップスのハラペーニョ味などチレ味のものはいずれも人気があります。
　カヘータはプリンやケーキにも使われますが、薄いウエハースのようなもので包んであるオブレア（Oblea）は人気商品のひとつです。
　トスティナタス（Tostinatas）は顔のサイズくらい大きな素朴で甘さ控えめの薄焼きクッキーで、露店やスーパーで見かけます。

露店で売られている人気の駄菓子

　カラフルな原色の小麦粉の薄焼きに、カボチャの種がはさんであるものもオブレア（Oblea）と呼ばれています。半円形が定番ですが、キャラクターものも人気でです。
　スペインやラテンアメリカ各地でも人気の揚げ菓子チュロス（Churros）は、中に練乳やカヘータを流し込むのがメキシコ流です。
　ピーナッツの粉と砂糖を混ぜたマサパン（Mazapán）は代表格。
　トスティナタの中にメレンゲが入っているお菓子はガスナタス（Gaznates）と呼ばれ、愛されています。

1.露店で売られる焼き菓子、ゴルディータス・デ・ナタ（Gorditas de Nata）。2.人気のチェーン店で、エラードをカップに入れて売っている。3.移動屋台のカラフルな量り売りの菓子。4.砂糖菓子。パステルカラーの卵型の菓子は中はアーモンドで、ペラディージャ（Peladilla）と呼ばれ、クリスマスや洗礼式などで配られるお菓子。またコラシオネス（Colaciones）とも呼ばれ、中はピーナッツ、アニスなど。5.ガムやポテトチップスなどが揃うキオスク。

Text: Hioki Mari, Photo: Shida Mie, (P178 5-6) Koitani Yoshihiro

Recetas

ドリンク

BEBIDAS

ベビーダス

辛いメキシコ料理には甘い飲料がよく合い、タマリンドやライムなど、フルーツの砂糖水アグアス・フレスカス（Aguas Frescas）が、食事に合わせるノンアルコール飲料として人気です。家庭では、熟していないパパイヤやスイカを使って作ることも多く、メキシコ原産のチアもよく使われます。ハイビスカスの花心を煮出したハマイカ（Jamaica）はビタミンCが豊富で、日常によく飲まれています。レモネード（リモナーダ／Limonada）やオレンジエード（ナランハーダ／Naranjada）はポピュラーで、ガス入りか抜きか選べます。ミネラル・ウォーターも炭酸入り（アグア・ミネラル／Agua Mineral)か炭酸なし（アグア・ナトゥラル／Agua Natural）の2種類があります。コーラなど市販の清涼飲料Refrescos（レフレスコス）も人気です。

アルコールは食事にはビールを合わせ、まれにワインも飲みます。ビールにソースやライムなどを入れるカクテル、ミチェラーダ（Michelada）も美味。

食後はコーヒーか、お茶。お茶ではカモミールティー（テ・デ・マンサニージャ／Té de Manzanilla）が定番です。

パーティなどではテキーラをコーラで割り、ライムの薄切りと塩をひとつまみ入れたカクテル（カンペシーノ／Campesino）や、カクテルグラスの飲み口を塩で飾り、テキーラとホワイトキュラソー、ライムジュースをシェイクしたカクテル、マルガリータ（Margarita）は、女性に人気。

ちなみに、メキシコでは路上での飲酒は禁止され、選挙前などは、酒類の販売が禁止されます。

朝食や夕食にはマサを水で煮た飲み物、アトレ（Atole）が欠かせません。先スペイン期にはカカオや蜂蜜で味付けされていたようですが、現在はバニラやチョコレート、イチゴなどで甘く味付けされたものが好まれています。タマーレスと一緒に朝食に飲まれることが多いです。朝はホット・チョコレート（チョコラテ／Chocolate)、甘く煮たコーヒー、カフェ・デ・オジャ（Café de Olla）も定番です。

1

2

3

4

5

6

7

1.スイカのジュース（アグア・デ・サンディア／Agua de Sandía）。2.ハイビスカスティ（P182参照）3.タバスコ州のフルーツジュース。4.レモネード。5.露天のジュース屋さん。6.ミルクコーヒー（カフェ・コン・レチェ／Café con Leche）。7.フローズン・マルガリータ。

181

Agua de Jamaica
アグア・デ・ハマイカ

ハイビスカスのアイスハーブティ

ビタミンCやカリウムを含み、ミネラルも豊富なハイビスカスティは、ペットボトル飲料にもなっているほどの定番ハーブティです。

材料（5杯分）

水 …… 800㎖
砂糖 …… 80g
ハイビスカスフラワー（ドライ）…… 45g
アイスキューブ …… 18個

作り方

1. 水を鍋に入れて沸かし、沸騰したら砂糖を入れる。砂糖が溶けたらハイビスカスフラワーを入れて火を止め、蓋をして約5分蒸らす。
2. 1を濾してアイスキューブを入れる。

Agua de Tamarindo
アグア・デ・タマリンド

タマリンドジュース

ソラマメ科の植物、タマリンドの果肉をお湯で溶いてつくるジュースです。

材料（5杯分）

水 …… 800㎖
A｜タマリンドパルプ …… 100g
　｜砂糖 …… 45g

作り方

1. 鍋に水を入れて沸かしAを入れて中火で約5分煮る。途中、木べらで突いて果肉が湯に溶けるようにする。
2. 1を濾して冷ます。全体が1ℓになるように冷水か氷を入れて調整する。

Agua de Horchata
アグア・デ・オルチャータ

オルチャータ

スペインのバレンシア地方発祥で本来はチューファ(Chufa)という植物の塊茎から作られますが、メキシコに渡ったスペイン人達が米で代用して作り出したレシピと思われます。メキシコでは米とシナモン、砂糖、水だけで作ることが多いのですが、ここではアーモンドと牛乳を足してよりリッチな味わいにしています。

材料（4杯分）
水 …… 500 ml
Ⓐ 米 …… 1/2合
　 シナモンスティック … 1本
砂糖 …… 75g
Ⓑ 牛乳 …… 250 ml
　 アーモンド（細かく砕く）
　 …… 50g

作り方
1. 水にAを漬けて一晩置く。
2. 1と砂糖を滑らかになるまでミキサーにかけ、濾す。
3. 鍋にBを入れて強火にかけ、沸騰したら弱火にして約3分煮る。
4. 火を止めて約10分ほど置く。
5. 4を濾して2に加え、冷蔵庫で冷やす。

調理のコツ
この3つのアグア・フレスカのレシピは、氷を入れることを想定して少し濃い目にしている。

Café de Olla
カフェ・デ・オジャ

メキシコ風コーヒー

黒砂糖とシナモンを加えて煮立てる、風味の効いたメキシコで人気のコーヒーです。

材料（3杯分）

コーヒー豆（細かくひいたもの）…… 30g
Ⓐ
- 水 …… 600㎖
- 黒糖 …… 70g
- シナモンスティック …… 2本
- クローブ …… 2個
- オレンジの皮 …… 少々

作り方

1. 鍋にAを入れて沸かし、弱火で約5分煮出す。
2. コーヒー豆を加えて火を止め、蓋をして約5分蒸らす。
3. 2を濾す。

Champurrado
チャンプラード

トウモロコシとチョコレートのホットドリンク

水にマサでとろみを付けた飲み物を総称してアトレ（ナワトル語で水の意味）といいますが、これはそのアレンジバージョンです。チョコレートの甘味が体を温めてくれます。

材料（2杯分）

トルティーヤ用マサ（P33）…… 25g
水 …… 80㎖　牛乳 …… 400㎖　黒糖 …… 35g
メキシカンチョコレート
（または製菓用のスイートチョコレート）…… 1枚（62g）
シナモンスティック …… 1本

作り方

1. トルティーヤ用のマサをボウルに入れ、水で溶かす。
2. 鍋に牛乳、細かく砕いた黒糖とチョコレートを入れて沸かす。
3. 2に1を加えて木べらでよく混ぜて溶かし、ハンドミキサー（またはモリニージョ）で泡立て、シナモンスティックを入れる。

Ponche Navideño
ポンチェ・ナビデーニョ

ホットクリスマス パンチ

標高の高い中央高原地帯で、特にクリスマスの寒い時期によく飲まれます。メキシコでは、サトウキビの茎、テホコテ、グアバを入れますが、こちらではグアバジュースで代用しています。好みでラムやテキーラを入れ、大人な味に仕上げたものもなかなかです。

材料（10人前）

水 …… 2ℓ

Ⓐ タマリンドペースト … 50g
　黒糖 …… 140g

Ⓑ シナモンスティック … 2本
　クローブ …… 3個

ハイビスカスフラワー（ドライ）
…… 30g

Ⓒ リンゴ …… 1個
　オレンジ …… 1個
　洋梨 …… 1個

グアバジュース …… 100mℓ
プルーン …… 100g

作り方

1. 鍋に水とAを各々小さく切り、Bはそのまま入れて火にかけ、沸騰したら弱火で約5分煮る。ハイビスカスフラワーを入れて火を止め、蓋をして約10分蒸らす。
2. 1を目の細かいザルで濾す。
3. 2を再び火にかけCを適当な大きさに切って入れる。グアバジュースも入れて沸騰したら約30秒煮て火を止める。プルーンを半分に切って入れる。

Café de Olla / Champurrado / Ponche Navideño
Recetas

Margarita
マルガリータ

代表的なテキーラカクテル

テキーラベースのカクテルの中でも代表的な存在。テキーラ、コアントロー、ライムの割合は2:1:1にするのが一般的ですが、テキーラの個性をもっと味わいたい場合には、3:1:1の割合に。

材料（1杯分）

テキーラ（ブランコ） …… 40㎖
コアントロー …… 20㎖
ライムジュース …… 20㎖
ロックアイス、塩 …… 各適量

作り方

1 全ての材料とロックアイスをシェーカーに入れ、シェイクし、縁に塩を付けたカクテルグラスに注ぐ。

> **レシピ**
> コアントローの代わりにアガベネクターを使ったレシピも人気がある。その場合、グラスの縁に塩を付けない。
> **塩**
> 縁に付ける塩は口に直接触れるものなので、できるだけマイルドな味のものを選びたい。

Paloma
パロマ

爽やかなテキーラカクテル

メキシコでとても人気のあるテキーラの飲み方です。パロマは「鳩」の意味。塩を使ったスノースタイルにすることも多いですが、このレシピでは、トウガラシとライム味の入ったシーズニングパウダー「タヒン」を付けました。塩っぽさが少なく、より複雑な味が楽しめるのでおすすめです。

材料（1杯分）

テキーラ（ブランコ） …… 40㎖
グレープフルーツジュース …… 60㎖
ソーダ、氷、タヒン …… 各適量

作り方

1 氷を入れたタンブラーにテキーラを入れ、グレープフルーツジュースを注ぎ、ソーダで満たす。軽くステアする。縁にタヒンを付けたグラスに注ぐ。

テキーラの飲み方

プレミアムテキーラの登場により近年になって特に好まれている飲み方が、テキーラをスニフターグラスやスピリット専用のテイスティンググラスに入れて飲むスタイル。この場合、塩もライムも添えない。プレミアムテキーラの原料となるブルーアガベの自然な甘味やハーブの繊細な香り、柑橘やナッツ類のようなフレーバーを楽しむには、この飲み方が最適。

> **バンデラ (Bandera)**
> テキーラをストレートで味わう時の古典的な飲み方。ライムジュース、テキーラ、サングリータをそれぞれショットグラスに入れて並べる。バンデラは「国旗」の意味で、メキシコ国旗と同じ色であることがこの名前の由来。ライムジュースではなく、くし型に切ったライムと塩を添えてもOK。サングリータやライムで口の中をさっぱりさせ、つまみ代わりに塩を時々舐めることで、テキーラがどんどんすすむ。

メスカルの飲み方

オアハカでのメスカルの伝統的な味わい方は、ヒカラ (Jícara) と呼ばれる盃に注ぎ、竜舌蘭に寄生する芋虫、グサノ (Gusano) を炒ってトウガラシとすり潰したものを混ぜた塩とオレンジを添える。メキシコ先住民には昆虫類を食べる食文化があり、グサノはサルサなどにも使われる一般的な食材。また、メスカルは柑橘系の香りが強く、ライムよりオレンジの方が合うとされる。

Sangrita
サングリータ

トマトベースのチェイサー

トマトジュースをベースにオレンジジュースやトウガラシを加えた、テキーラ専用のチェイサーです。

材料（1杯分）
トマトジュース …… 80㎖
オレンジジュース …… 20㎖
ライムジュース …… 15㎖
タバスコなどのテーブル用ホットソース …… 数滴

作り方
1　全ての材料を混ぜる。

> **メスカル**
> メスカルは、竜舌蘭（マゲイ、またはアガベ）から造られる蒸留酒の総称。そのひとつだったテキーラは、国内外で有名になり、ハリスコ州を中心に生産されるひとつの確立されたジャンルの酒として認識されている。それに伴い、メスカルも1995年に8州が原産地として認定され、テキーラとは袂を分けた存在になった。メスカルの生産がいちばん盛んなのは、南部のオアハカ州。州都オアハカ市のまわりの渓谷地帯には、通称パレンケ (Palenque) と呼ばれる多数の小さな蒸留所が点在する。そのほとんどが家族でやっているような小規模なもので、祖先から代々受け継ぐ製法を続けている。当然、生産量は少ないが、大量生産品では味わえない深い味わいがある。

COLUMNA
メキシコの様々なアルコール

酒類（ベビーダス・アルコーリカス／Bebidas Alcohólicas）は、テキーラやビールなどが有名ですが、他にもメキシコには様々な地酒が沢山あります。ここでは、代表的なものを紹介します。

テキーラ（Tequila）

3500年前から自生していたアガベ・アスール・テキラーナ・ウェーバー（Agave Azul Tequilana Weber）という種類の竜舌蘭から取った濁酒の蒸留酒で、グアダラハラのテキーラ村が発祥地。製造後すぐ瓶詰めされる透明なブランコ（Blanco）、2か月〜1年未満熟成させた薄茶のレポサード（Reposado）、1年以上寝かせた琥珀色のアニェホ（Añejo）があります。塩やライムを舐めながら食後などにゆっくりと味わいます。様々なカクテルにも使われます。

メスカル（Mezcal）

竜舌蘭から作ったアルコール度数の高い（38〜45度）酒で、オアハカ地方産が有名。マゲイという竜舌蘭につく芋虫（グサノ・デ・マゲイ／Gusano de Maguey）を入れたものが人気です。クレマ・デ・メスカル（Crema de Mezcal）はクリーミーで甘いリキュール酒で、コーヒーやミント、バニラ味など甘いものが沢山あります。テキーラとメスカル以外に、竜舌蘭からできる蒸留酒はソノラ州のバカノラ（Bacanora）、チワワ州やドゥランゴ州コアウイラ州のソトル（Sotol）なども有名です。

プルケ（Pulque）

アステカ人には宗教儀式の際の特別な酒として扱われ、オクトゥリと呼ばれたプルケ。ビールが普及する前は大衆に一番愛されていたお酒で、ヤシの実（ヒカラ／Jícara）を器に飲まれていました。マゲイの芯をくり抜き、朝晩の蜜の水（アグアミエル／Aguamiel）と呼ばれる樹液を長いひょうたん（アココテ／Acocote）に貯め、24時間発酵させて作る乳白色のどぶろく酒です。アルコール分は4％程度。発酵が早く日持ちしないため、メキシコ国外では飲むのが難しいお酒です。できたてが美味しいですが、クセがあります。イダルゴ州が主な産地ですが、メキシコ市などでも飲めます。

ビール（セルベサ／Cerveza）

クアテモック・モクテスマ社と、グルーポ・モデロ社の2大ビール会社があり、20ブランド前後の国産ビールのほか、地ビールやクラフトビールも沢山あります。大きく分けて黒ビール（オスクーラ／Oscura）と普通（クララ／Clara）の2種類があり、缶と瓶で流通。店では生ビール（バリール／Barril）も注文可能です。

1. ホテル・アシエンダ・サン・アントニオでのウェルカムテキーラ。塩とライムを添えて飲む。 2. テキーラはカバジート（Caballito）と呼ばれるショットグラスを使う。 3. メスカルは、マゲイにつく芋虫を乾かして粉末にして塩と混ぜたものを一緒に飲む。 4. プルケは専門のバー、プルケリーアがある。 5. イダルゴ州では瓶のプルケも販売されているが、基本的には日持ちしないので輸出もされない。 6. ビールは缶入りも多いが、レストランでは瓶で提供されることが多い。

ワイン（ビノ／Vino）

南北アメリカ大陸最古のワイナリーはコアウィラ州のカサ・マデロ（Casa Madero）。主な産地は、バハ・カリフォルニア州のエンセナーダ（Ensenada）地方が知られています。代表的なものに、輸出品も多いワイナリーのラセット（L.A. Cetto）やサント・トマス（Santo Tomás）、モンテ・シャニック（Monte Xanic）があります。ケレタロ州やグアナファト州にもいくつかのワイナリーがあり、新しいワイナリーがどんどん増えています。白（ビノ・ブランコ／Vino Blanco）、赤（ビノ・ティント／Vino Tinto）、ロゼ（ビノ・ロサード／Vino Rosado）、スパークリング（ビノ・エスプモーソ／Vino Espumoso）など、各種様々に揃います。

コーヒー酒（カルーア／Kahlúa）

カクテルの「カルーア・ミルク」で有名な、メキシコ発祥のリキュール。メキシコ産のアラビカ種のコーヒー豆をミディアムローストして、砂糖、サトウキビの蒸留酒、バニラを加えています。チョコレートやビスケットなどのお菓子、タバコの香り付けなどにも使われています。

卵酒（ロンポペ／Rompope）

薄い黄色の甘いリキュール。スペインの植民地時代にプエブラ州やモレーロス州などの修道院で生まれた伝統的なお酒です。卵黄、砂糖、牛乳、シナモン、バニラ、ナツメグ、ラム酒から作られていて、食後酒として親しまれているほか、お菓子作りなどに利用します。

リンゴ酒（シドラ／Sidra）

リンゴの発泡酒はプエブラ州のサカトラン村、ウエホツィンゴ村が、リンゴの産地としてもシドラの製造地としても有名です。甘く、アルコール分も少なくて飲みやすく、価格も手頃なお酒で、クリスマスによく飲まれ、12月はスーパーにもボトルが並びます。

果物酒（テパチェ／Tepache）

パイナップルなどの果物の発酵酒。甘いビールのようですが、アルコールは1％程度。マヤ文明の礼拝などにも利用されていた伝統あるお酒ですが、現在はそれほど一般的ではありません。市場などで売られています。

1. ケレタロ州にある小さな新しいワイナリー、ビニェードス・アステカ（Viñedos Azteca）のワインバー。2. バルセロナ近郊にあり、カバで有名なフレシネ（Freixenet）社のメキシコワイナリーのワイン貯蔵庫（ボデガ／Bodega）。3. リンゴ酒。発泡酒なので、一度栓を開けると保存はきかない。4. ヤギのミルク（カヘータ／Cajeta）味のリキュール、クレマ・デ・マゲイ（Crema de Maguey）。5. サボテンの実のリキュール（リコール・デ・トゥナ／Licor de Tuna）。ウチワサボテンの葉や実のリキュールも各地で生産されている。

Text & Photo: Shida Mie

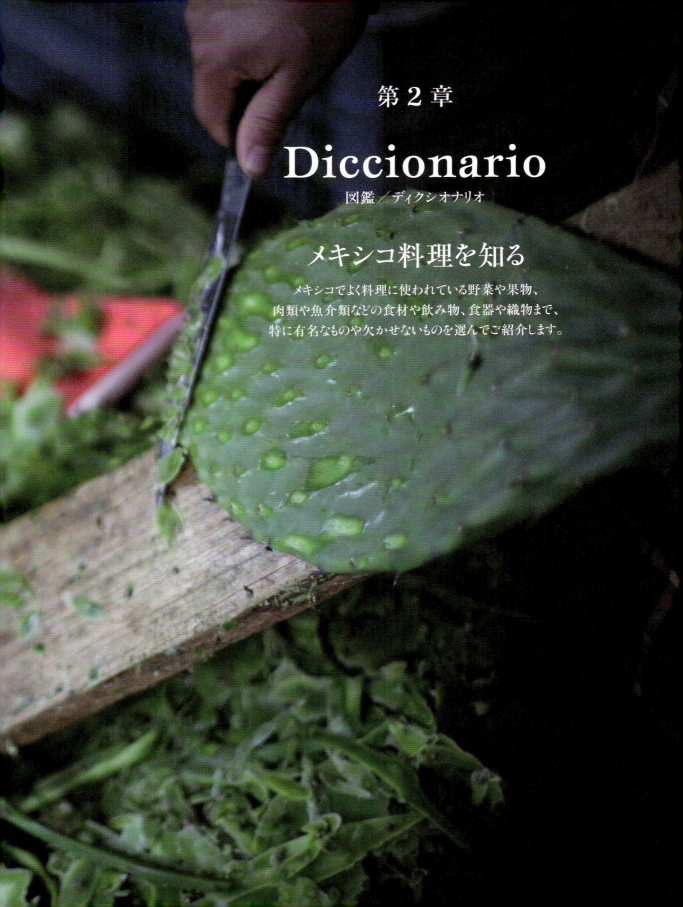

第 2 章

Diccionario
図鑑／ディクシオナリオ

メキシコ料理を知る

メキシコでよく料理に使われている野菜や果物、
肉類や魚介類などの食材や飲み物、食器や織物まで、
特に有名なものや欠かせないものを選んでご紹介します。

1 食材図鑑
Ingredientes

カモミール
Manzanilla
ハーブティーの定番で、鎮静作用があり、鍋で煮立ててお茶にして飲まれる。

イタリアンパセリ
Perejil
スープやサラダ、メキシコ風ピラフなどの飾りに使う。

香草類
イエルバス
Hierbas

ハーブは料理やお茶に使われ、値段も安く種類も豊富。フレッシュハーブ、また乾燥ハーブは瓶入りや量り売りで手に入り、鉢植えも安価です。

ひとこと
市場には体調に合わせてハーブティーを調合してくれる民間療法の店もあります。ハーブのブーケ、イエルバ・デ・オロール (Hierba de Olor) は、ローリエ、オレガノ、ローズマリーが束ねてあります。

オレガノ
Orégano
乾燥させたものが様々な料理に使われ、ポソレなどにも欠かせない。

ローリエ
Laurel
メキシカンローリエは匂いや味も淡白。煮込みやスープ料理などに使われる。ベイリーフ。

コリアンダー（パクチー）
Cilantro
メキシコ料理に必須で、使用頻度が非常に高い香草。茎はあまり使わない。

レモングラス
リモンシージョ
Limoncillo
テ・デ・リモン (Té de Limón) として、お茶にして飲まれる。

アリタソウ
エパソテ
Epazote
メキシコ料理に必須で、使用頻度が非常に高い香草。茎はあまり使わない。

スペアミント
イエルバブエナ
Hierbabuena
香りが強く、スープや煮込み料理、リフレッシュ効果でお茶にも使用される。

オハ・デ・アグアカテ
Hoja de Aguacate
モレ料理などに使うアボカドの葉。フレッシュでも乾燥でも使用される。

オハ・サンタ
Hoja Santa
主にオアハカでモレやタマーレスなどの料理に使われる。地域によって様々な呼び方がある。

パパロ
Pápalo
キク科で、葉が南米でもよく使われる。サラダや肉と一緒に食べると消化を助ける。

葉菜類
ベルドゥーラス・デ・オハ
Verduras de hoja

日本では手に入りにくいものばかりですが、珍しい葉菜、葉茎菜が揃い、肉団子などに混ぜたり、スープや煮込み料理、サラダなどでも食べられています。

アセルガ
Acelga
リーフビートの一種で、大きい葉菜。詰め物やプディングなどに混ぜて使う。日本での呼び名はフダンソウ。

レチューガ
Lechuga
レタスは様々な種類があり、球形 (Romana)、ロメインレタス (Orejona) など。

キントニル
Quintonil
5〜6cmの茎に丸い葉の葉菜。旬は1〜2月、6〜7月頃。肉団子などに。

ロメリート
Romerito
おかひじきに似た葉菜。エビやモレと合わせ、セマナ・サンタ前やクリスマスのごちそうに。

ワウソントレ
Huauzontle
セマナ・サンタ頃に出回る。メレンゲでフライなど。日本名はほうき草。

ベルドラガ
Verdolaga
茎の固い部分は捨て、塩を加えた熱湯で4〜5分茹でて使う。サラダにも。

セボジン
Cebollín
ネギ属の植物で、葉や根を食す。セイヨウアサツキ、エゾネギとも呼ばれる。

192

野菜類
ベルドゥーラス
Verduras

果菜、根菜から芋類まで種類がとても多く、季節ごとに出回るものが他にもたくさんあります。露地栽培が多く、寄生虫の心配もあるので、生野菜は消毒液（ヨード剤）の使用が推奨されています。

トマト
ヒトマテ
Jitomate

細長い形のサラダテ（Saladet）は加熱用。複雑な形のヒトマテ・デ・リニョン（Jitomate de Riñon）も定番。

緑トマト
トマティージョ
Tomatillo

トマテ・ベルデ（Tomate Verde）とも呼ばれる。ホオズキ属の皮つき緑トマト。和名はオオブドウホオズキ。大粒と小粒がある。

アボカド
アグアカテ
Aguacate

メキシコ原産。ハス種が日本によく入っているが、皮ごと食べられる品種のものもある。

ズッキーニ
カラバシータ
Calabacita

メキシコのカボチャが祖先種であるといわれていて、様々な料理に使用される。球形の小丸のものはクリオージャ（Criolla）と呼ばれる。

ハヤトウリ
チャヨーテ
Chayote

トゲあり（Con espinas）、なし（Sin espinas）がある。腎臓病に効果があるとされる。ハヤトウリの根はChinchayoteといい、茹でて食べる。

クロダネカボチャ
チラカヨーテ
Chilacayote

アメリカ大陸原産の緑色の丸い実で、スープの具材など様々な料理に使われる。

ズッキーニの花
フロール・デ・カラバシータ
Flor de Calabacita

ガクの緑色の部分を取り除き、花粉はそのままに花の外側をさっと洗って使う。

ウチワサボテン
ノパール
Nopal

サラダや付け合わせに多用される。旬は雨季。糖尿病に効果があるとされる。

クズイモ
ヒカマ
Jícama

メキシコ原産の根菜で、サラダや軽食で果物のようによく食される。

コネギ
セボジータ
Cebollita

肉料理の付け合わせに、白い部分だけ焼いたものを食べる。セボージャ・カンブライ（Cebolla Cambray）とも呼ぶ。

パプリカ
モロン
Morrón

赤、オレンジ、黄色は、柔らかくて甘味が強く、生食でも食べられる。

カボチャ
カラバサ
Calabaza

メキシコ原産。オレンジ色の水気が多いものがポタージュなどに使用される。

キュウリ
ペピーノ
Pepino

皮をむいて輪切りにしたものに塩を振り、アントヒートスの付け合わせに。

ピーマン
ピミエント
Pimiento

地厚でやや硬い。ピミエント・ベルデ（Pimiento Verde）とも呼ばれる。

ジャガイモ
パパ
Papa

メークインが主流。やや高価な赤紫色の皮のクリオージャ（Criolla）のアンデス産や白い皮のアルファ（Alfa）も。

ルタバガ
コリナボ
Colinabo

カブのような根菜で、薄緑の皮に筋状の模様が特徴の楕円形の実。スープの具に。

ハツカダイコン
ラバノ
Rábano

ラディッシュ。ポソレのトッピングなどに使われる。

サツマイモ
カモテ
Camote

皮は紫で中身がオレンジ色のものは甘味が少ない。お菓子や焼き芋に使われる。

ニンニク
アホ
Ajo

サルサなど様々な料理に登場。白色と紫色の皮の2種があり、紫色の方がやや高価。

ビーツ
ベタベル
Betabel

鉄分とビタミンが豊富な野菜で、主に茹でてサラダに利用される。

タマネギ
セボージャ
Cebolla

皮がむかれて売られている。生のみじん切りはタコスのトッピングで登場。赤タマネギも。

果物類
フルータス
Frutas

種類が大変豊富で、年中手に入るものから、旬があり、メキシコでしか食さない珍しい果物も多いです。生食のほか、砂糖漬けやお菓子に使ったり、ジュースやシャーベットにして使われます。

トゲバンレイシ
グアナバナ
Guanábana
バンレイシ科のトロピカルフルーツで、ジュースやアイスで人気。

グアバ
グアヤバ
Guayaba
薄黄色の香りの高い果物で、ジュースやアイスでも定番。

ブラックベリー
サルサモーラ
Zarzamora
黒イチゴの実。生で食べるほか、ケーキの飾りやジャムに使う。

ザクロ
グラナダ
Granada
皮と種子を除いた果肉の粒を生で使う。7〜8月頃が旬。

パパイヤ
パパヤ
Papaya
果肉が黄色と赤色の2種あり、赤色は消化酵素を多く含む。ジュースや朝のカットフルーツに。

サポジラ
チコサポテ
Chicozapote
メキシコ原産の茶色の硬い皮の果物。水っぽくクセのある味でメキシコガキともいう。

リマ
Lima
ユカタンで定番の薄黄色の柑橘類で、搾ってジュースにしたり、サラダや料理に使う。

タマリンド
Tamarindo
フレッシュジュースにしたり、練り菓子にしてよく食べられる。

マメイ
Mamey
茶色の硬い皮をむくと果肉は赤く、柿の味に近い。甘味が強く、ジュースに。

イチジク
イゴ
Higo
小ぶりだが甘い。未熟な青い硬い実は、砂糖煮のお菓子に使う。

イチゴ
フレサ
Fresa
甘味は少ないが、一年中手に入る。生食のほか、ケーキの飾りやジャムなどに使う。

モモ
ドゥラスノ
Durazno
種類が多い。ネクタリーナは果肉が白く柔らかくて美味しい。

マルメロ
メンブリージョ
Membrillo
別名西洋カリン。薄黄色の硬い果物。長時間煮てアテ、ジャムに。8月頃が旬。

アンズ
チャバカノ
Chabacano
アルバリコケ（Albaricoque）とも呼ぶ。黄色いアメリカンプラム。4〜6月に出回る。

スモモ
シルエラ
Ciruela
一般に梅の実を指し、プラムとも。種類が多い。

ザクロをむいて果肉の粒のみを取り出して売っている。

ミカン
マンダリーナ
Mandarina
マンダリーナ・レイナは、皮が分厚くデコボコして大きい。甘味が強く美味。

オレンジ
ナランハ
Naranja
搾ってジュースに。11月頃からの冬場が旬。春先から夏にかけては高価に。

パイナップル
ピニャ
Piña
タコス・アル・パストールの付け合わせに欠かせない。

194

マンゴー
マンゴー
Mango

マニラ（Manila）は黄色の細長い形で、皮に小さい黒い斑点がポツポツが出始めたら食べ頃。2、3月頃が旬。アタウルフォ（Ataulfo）はやや丸く種子の大きい種。ペタコン（Petacón）は丸く大きく赤黄緑色で、別名パライソ（Paraíso）。皮に黒い斑点が少し出て実が柔らかくなりかけたころが食べ頃で7、8月頃が旬。ケント（Kent）はアップルマンゴーと呼ばれ、甘くて繊維が少なく人気が高い。

バナナ
プラタノ
Plátano

タバスコ（Tabasco）は、タバスコ州のバナナ。ドミニコ（Dominico）は、小さい一口サイズの甘いバナナ。モラード（Morado）は、紫色がかったもので、よく熟してからそのまま食べる。マッチョ（Macho）は調理用で、生では食べない。黒い斑点がほぼ全体に広がった頃が食べ頃。

チェリモヤ
チリモヤ
Chirimoya

緑色のでこぼこした果実で、白い果肉は濃厚でねっとりとした舌触り。甘味が濃く、少し酸味がある。バンレイシ科の実でアノナ（Anona）とも呼ばれる。

サボテンの実
トゥナ
Tuna

ウチワサボテンの実。薄緑色と赤、黄色などがある。とげに注意しながら両端を5mmほど落とし、タテに一本7mmくらいの深さに包丁を入れると厚い皮がするりとむける。濾してジュースに。種ごと食べると便秘に効くといわれている。6月頃からが旬。

スイカ
サンディア
Sandía

縦長のスイカが通年手に入り、朝食の盛り合わせの定番。ジュースにもよく使う。スイカやマンゴーやメロンを食べると胃腸を冷やすといい、遅い時間に食べることは避ける。

ヤシの実
ココ
Coco

実の上部を切り落とし、好みによりレモンやジンを加えて中にたまっているジュースをストローで飲む。白い果肉の部分もチリパウダーをかけるなどしてそのまま食べる。

ハニーデューメロン
メロン・ゴタ・デ・ミエル
Melón gota de miel

皮の黄色いメロン。薄緑色の果肉に透き通った部分があり、名前の通り蜜のように甘い。へたの部分を押すと柔らかく、また玉ごと振ってみて中の種子が動く音がするものが熟れている。

メロン・チノ
Melón chino

緑色の皮に網目があるメロン。果肉はオレンジ色。露地栽培のため見かけは悪いが美味。網目のはっきりした重いメロンを選び、へたのところを押して少し柔らかくへこむくらいが食べ頃。3月、10月頃のトレオン産は特に甘い。

ドラゴンフルーツ
ピタヤ
Pitaya

果皮が竜のウロコのようだが、サボテンの実の一種で、皮は濃いピンク、果肉は白い物と濃いピンクの物がある。トゥナと同じ要領で皮をむき、種子ごと食べる。

パッションフルーツ
マラクヤ
Maracuyá

赤や黄色の硬い皮の長丸いボール状の甘酸っぱく甘い果実。皮を割って、中の種子を包んだゼリー状の果肉を種子ごとスプーンですくって食べる。便秘によく効く。

ナンチェ
Nanche

黄色く小さい丸い実。よく熟したものは甘い。ジュースやアイスキャンディー、リキュール作りに利用される。8月頃が旬。

サポテ
Zapote

サポテは白、黒、黄色があり、メソアメリカ時代からある果物。皮をむいて食べる。白サポテ（Blanco）と黄サポテ（Amarillo）は、皮は薄緑色、果肉は黄色。カボチャとサツマイモの中間のようなホクホクした食感と味。セマナ・サンタ前後に出回る。黒サポテ（Negro）は、皮は緑色で柿のような形、果肉は墨のように真っ黒。果肉をスプーンですくい食べる。種子を取り除きすりつぶし、砂糖とコニャックを好みで入れ、冷蔵庫で冷やしてデザートにも。

ライム
リモン
Limón

メキシコでは、年中出回り飲料、料理に欠かせない。少し大きいものは種なしで安価。

グレープフルーツ
トロンハ
Toronja

果肉が黄色とルビー色の2種がある。皮につやのある重いものが美味。搾ってジュースやサラダに。

リンゴ
マンサナ
Manzana

赤のスターキングより黄色のゴールデンデリシャスの方が甘くて美味。青リンゴは酸味があり、お菓子作りに適している。ジュース用の小ぶりのものは、袋入り1ダースが安価でフレッシュジュース作りに重宝。

テホコテ
Tejocote

梅の実大の赤と黄色の混ざった硬い実。生食はできず、砂糖煮にしてデザートにする。ビタミンAが多く、咳止め、喉の痛みに効用がある。10月頃が旬だが、クリスマスのポンチェに入れる。

スターフルーツ
カランボラ
Carambola

カットした形状が星型。ほんのり甘酸っぱくサクサクとした食感。薄く切って皮ごと食べる。

ブドウ
ウバ
Uva

種なしで皮のまま食べるものが多い。デラウェア、ピオーネ、マスカットなどがある。

サトウキビの茎
カニャ・デ・アスーカル
Caña de azúcar

サトウキビの茎の甘い部分で、20cmほどに切られて売られている。12月ごろによく出回り、生のままかじったり、クリスマスのポンチェに欠かせない。

カプリン
Capulín

さくらんぼに似た小さく赤黒い実。生食または砂糖煮として食す。

195

キノコ類
オンゴス
Hongos

地方にはマニータス(Manitas)など珍しい多種多様なキノコがあり、主にケサディーヤの具などにして食されています。

マッシュルーム
Champiñón
生でスライスしてサラダ、スープに。ケサディーヤの具にも多く使われる。

アガミサタケ
モリージャ
Morilla
生食すると中毒するので注意。

セタ
Seta
灰色の平べったい幅7〜8cmの栽培キノコ。スープの具などに使われる。

オンゴ・アマリージョ
Hongo Amarillo
黄色いキノコで、スープの具に使われる。

ウイトラコチェ
Huitlacoche
黒穂病のとうもろこしに寄生して生えるキノコの一種。世界の珍味とされメキシコのトリュフといわれる。黒穂病菌に含まれているペニシリンに似た物質が不老長寿の効果を生むとして珍重される。旬はとうもろこしの収穫期。味付け調理済みの缶詰がクイトラコチェ(Cuitlacoche)としてスーパーマーケットで購入可。

クラビート・ピノ
Clavito Pino
よい出汁が取れるキノコで、日本のシメジによく似ている。

豆類
フリホーレス
Frijoles

他によく食べる乾燥豆には、金時豆(Frijol flor de Mayo)、黄インゲン豆(Frijol Peruano／Frijol Canario)、紫花豆(Frijol Ayocote)などがあります。

黒インゲン豆
フリホール・ネグロ
Frijol Negro
メキシコの食卓に欠かせない豆で、ペーストや煮込み、スープなどで食される。乾燥豆のほか缶詰、ペースト状のパックなども売られている。

白インゲン豆
アルビア
Alubia
煮込みなどによく使われる豆。

レンズ豆
レンテハ
Lenteja
スープで昼食によく登場する豆。

ソラ豆
アバ
Haba
塩茹でにしてサラダ、スープなどに使われる。

ヒヨコ豆
ガルバンソ
Garbanzo
スペイン料理の影響を受け、煮込みやスープなどで食される。

グリーンピース
チチャロ
Chícharo
炊き込みご飯やバター炒め、ポタージュに。通年手に入る。乾燥グリンピースはアルベルホン(Alberjón)。

ウズラ豆
フリホール・ピント
Frijol Pinto
ピントビーンズ。斑点があり、アメリカやメキシコ北部でよく食される豆。

黒インゲン豆とウズラ豆。

種実類
セミージャス
Semillas

豊富な種のほかナッツとドライフルーツも種類が豊富。松の実(Piñón)、クルミ(Nueces)、ドライクランベリー(Arándanos)、干しナツメヤシの実(Dátiles)などもよく食されます。

チアシード
チア
Chía
健康に良いとして注目されているメキシコ原産の種。

カボチャの種
ペピータ・デ・カラバサ
Pepita de Calabaza
モレ料理やお菓子など様々な料理に使用される。セミージャス・デ・カラバサ(Semilla de Calabaza)とも。

干しブドウ
パサ
Pasa
お菓子や料理によく使用される。

ゴマ
アホンホリ
Ajonjolí
パンの飾りなどに使用される。チアパス産の金ゴマもある。

魚介類
ペスカド・イ・マリスコス
Pescados y Mariscos

シーフードの消費量は少なく、新鮮なものは手に入りにくいです。冷凍魚介類は、イワシ、メロ、カナダやチリ産の鮭などが売られています。セマナ・サンタ（イースター）の間は、禁肉食週間となり、魚が多く出回りますが価格がやや高騰します。

タラ
バカラオ
Bacalao

干しダラはクリスマスとセマナ・サンタの時期に多く出回る。丸1日以上水につけて、何度も水を替えて塩抜きしてから使う。

マス
トルーチャ
Trucha

都市部で養殖魚として頻繁に食される。ニジマスはトルーチャ・デ・アリコ・イリス（Trucha de Arco Iris）。

マグロ
アトゥン
Atún

ツナの缶詰もサラダなどでよく食される。

アンチョビ
アンチョア
Anchoa

シーザーサラダなどに使用される。

タイ
ワチナンゴ
Huachinango

メキシコ湾で獲れる鯛。ベラクルスなどでよく食べる。

ワカサギ
チャラル
Charal

ミチョアカン州のパツクアロ湖で獲れる。

カニ（淡水）
ハイバ
Jaiba

海産のカニは主にカングレホ（Cangrejo）と呼ぶ。

イカ
カラマル
Calamar

むき身にしたものが冷凍で売られている。フライなどでもよく食す。

マナガツオ
パンパノ
Pámpano

オーブン焼き、フィレ、トウガラシ焼き、ベラクルス風などで使われる。

スズキ
ロバロ
Róbalo

高級レストランの魚料理ではフィレなどでよく提供される。

ティラピア
モハーラ
Mojarra

安価で手に入りやすい白身魚としてレストランや家庭料理でも人気。

ヒラメ
レングアード
Lenguado

パンパノ同様オーブン焼き、フィレ、トウガラシ焼き、ベラクルス風などで使われる。

イセエビ
ランゴスタ
Langosta

ロブスター。ユカタン半島ではよく食される。

エビ
カマロン
Camarón

カクテルや様々な料理のフィリングなどに使用頻度が高い。干しエビのほか、下茹でして冷凍した小エビも売られている。

貝類
コンチャス
Conchas

巻貝
カラコル
Caracol

肉はプルパ・デ・カラコル（Pulpa de Caracol）と呼ばれる。ユカタン半島でよく食される。

ホタテ
カジョ・デ・アチャ
Callo de Hacha

貝柱がセビーチェなどでよく食べられる。

ムール貝
メヒジョン
Mejillón

スペイン料理のパエリアなどでよく食される。

カキ
オスティオン
Ostión

カクテル、セビーチェなどで生食でもよく食される。

アサリ
アルメハ
Almeja

ハマグリも同名。小さい貝柱カジョ・デ・アルメハ（Callo de Almeja）も食される。

加工品 乾物類

干エビ
カマロン・セコ
Camarón Seco

塩味がきつめ。クリスマス料理には欠かせない食材。

干小魚
チャラル・セコ
Charal Seco

そのままおつまみにして食べたり、団子にしてトマトやチレソースで煮て食べる。

牛肉
カルネ・デ・レス
Carne de Res

メキシコ北部で飼育された牛肉など様々な産地の牛肉が購入可能です。日本の牛ロースにあたる部位は、総称してロモ（Lomo）と呼ばれ、脂が少なくさっぱりとした味わいと柔らかな食感が特徴です。ほか、脳みそ（Seso）、肝臓（Hígado）、腎臓（Riñón）、胃袋（Pancita）も食されます。ひき肉はCarne Molida、Resは成牛肉、Terneraは子牛肉をさします。レストランのステーキはTボーンも人気です。

サーロイン
シルロイン
Sirloin

ステーキ用の肉で、牛肉の中では最高の肉質。柔らかく甘みがあり、ジューシーな霜降りが多いのが特徴。ステーキ、ローストビーフに。

フィレ
フィレテ
Filete

サーロインに囲まれた中心部の、最も柔らかい部位で、1頭の牛から3％程しかとれない高級部位。脂肪が少ない上品な味が特徴。

モモ肉（内側）
プルパ・ネグラ
Pulpa negra

脂肪が少ない赤身。きめはやや粗いが柔らかく、肉質が均一なので、ローストビーフなど塊で使う料理に。

ハラミ
アラチェーラ
Arrachera

モンテレイ発祥で下味つき（マリナーダ／Marinada）が一般的なハラミ肉で、旨味と食感のよさでステーキや焼き肉、タコスの具などで人気。

リブロース
リブ・アイ
Rib eye

サーロインの隣、最も厚みのある部分で霜降りの部位。適度な脂肪分を含み、旨味があって肉質もきめ細やかで肉の風味はトップクラス。

肩ロース
ディエスミージョ
Diezmillo

肩から背中にかけての長いロース肉で、最も頭に近い部分。脂肪が入りやすい霜降りの柔らかい赤身肉で、ほどよい食感と濃厚な味が特徴。ステーキなどに。

バラ肉
スアデーロ
Suadero

胸から腹にかけて続く部分の肋骨（アバラ骨）についた肉肋骨の外側の肩バラ。赤身と脂肪が薄い層となって交互に重なっているのが特徴。

スネ肉
チャンバレテ
Chambarete

筋やケンが多く脂肪がほとんどない固い肉だが、煮込むと旨味が出て柔らかくなり、濃い味が出る色合いの濃い赤身肉。煮込み料理やスープストックに。

ランプ
アグアヨン
Aguayón

お尻に一番近い赤身モモ肉の特に柔らかい旨味のある部分。霜降りが入りにくいところだが、肉のきめは細かく、柔らかな赤身肉としては貴重な部分。

モモ肉（外側）
プルパ・ブランカ
Pulpa blanca

赤身で脂肪は少ないが、よく動かす部位なので肉質はきめが粗く固め。どんな料理にも合うももの部分。スープ用など。

中バラ
ファルダ
Falda

1cmくらいの厚みの腹の部分。煮込み料理や炒め物に。茹でて味付けし、ほぐしてタコスの具によく使われるポピュラーな部位。

テイル
コラ
Cola

尾の部分で、圧力鍋で加熱し、スープや煮込み料理に。

タン
レングア
Lengua

丸のまま売られている。タコスの具などに。

豚肉
カルネ・デ・セルド
Carne de Cerdo

一般的に赤身が好まれ、焼くよりも煮込み料理によく利用します。薄く切ったものはミラノ風カツレツ（ミラネサ／Milanesa）といわれます。メキシコ北部で飼育された豚肉は、特に美味しいといわれています。

フィレ
フィレテ
Filete

通常1本丸ごとで売られている。

モモ肉
ピエルナ
Pierna

ソテーや、炒め物、カレーやシチューに。プルパ（Pulpa）とも呼ばれる。

スペアリブ
コスティージャ
Costilla

骨付きあばら肉。骨付きのまま、下味を付けて使われたり、タコスの具に。

ロース
ロモ
Lomo

柔らかく、塊のままの料理に向く。脂身は少なく長時間煮るとパサつく。肩ロースはカベサ・デ・ロモ（Cabeza del Lomo）で、脂肪分が多い。

三枚肉
ペチョ
Pecho

ブロックで売られているが、肉屋では、薄切りも注文できる。パンセタ（Panceta）、トシーノ・フレスコ（Tocino fresco）とも呼ばれる。

鶏肉
ポヨ
Pollo

養鶏場では、鶏の病気対策のためにマリーゴールドの花びらを鶏の飼料として使用するため、花びらの色素が沈着して鶏肉の皮、肉がオレンジ色です。小売店では鶏は大きなハサミで切り分けて売ります。頭や脚、腰骨周りもスープの出汁をとるのに使われます。

手羽肉
アラ
Ala

先端（プンタ／Punta）、真ん中（セントロ／Centro）、付け根（トロンコ／Tronco）となる。

鶏モツ
イガド
Hígado

よく水洗いし、茹でこぼしてから利用する。

胸肉
ペチューガ
Pechuga

骨付き胸肉でささみの部分が含まれる。様々なメキシコ料理に使われる。

モモ肉
ピエルナ・コン・ムスロ
Pierna con Muslo

体に近い部分をムスロ（Muslo）、関節から下の部分（ドラムスティック）をピエルナ（Pierna）と呼び、Pierna con Musloは鶏の足全体をさす。

肉の加工品
カルネス・フリアス
Carnes Frías

腸詰めなど。

豚皮のチチャロン。このままかじってスナックや煮込みに。

ハム
ハモン
Jamón
スーパーマーケットのハム売り場では、欲しい種類の物を欲しい量だけ好みに応じてスライスしてもらえる。スモーク（アウマード／Ahumado）、ロース（ロモ／Lomo）、モモ肉（ピエルナ／Pierna）、生ハム（セラーノ／Serrano）など。

ソーセージ
サルチーチャ
Salchicha
七面鳥の肉を使ったものが多く、ポークソーセージは少ない。ウィンナー（ビエナ／Viena）、小ウィンナー（コクテル／Cóctel）、フランクフルト／Frankfurt、サラミ／Salami などが手に入る。

ベーコン
トシーノ
Tocino
アメリカ料理の影響を受け、ハンバーガーや屋台料理でもよく使用されている。

腸詰め
チョリソ
Chorizo
スパイスの効いた短い腸詰め肉。腸とビニール袋に詰めたものがある。トウガラシ入りの赤や緑色のものもある。

腸詰め
モロンガ
Moronga
血入りの腸詰め。フライパンでカリカリに焼いたものを卵料理の付け合わせにして食べる。モロンガとチレ、エパソテ、タマネギと煮たものもが一般的。

腸詰め
ロンガニサ
Longaniza
チレ入りの長い腸詰め。炒めて食べる。

豚皮
チチャロン
Chicharrón
豚皮に切れ目を縦横にいれそのままカリカリに揚げたもの。スナックとして、またスープ料理など様々に使われる。

干し肉
セシーナ
Cecina
薄切りの肉に味付けし、軽く干したもの。牛肉を利用したものと、豚肉を薄く叩いてトウガラシ調味料で味付けしたものがある。

薫製肉
チュレタ・アウマーダ
Chuleta Ahumada
塩が強めの豚ロース肉の塊の燻製。1cm前後に切り、フライパンでそのまま炒める。

ピエルナ・アドバーダ
Pierna Adobada
豚もも肉の塊をハムにして、チレの粉をまぶしたもの。

乳製品
プロドゥクトス・ラクテオス
Productos Lácteos

ヨーグルト、クリーム類をはじめ、種類が豊富です。クリームには、クレマ（Crema）と呼ばれるメキシコ料理に欠かせない無糖のクリームのほか、クロテッドクリームのようなナタ（Nata）、ホイップ用の生クリーム（Crema para batir）、サワークリーム（Crema Acidificada）などが販売されています。チーズ（ケソ／Queso）も牛やヤギ、羊の乳からできたものなど地域によっても違う種類が多く、豊富に出回っています。新鮮なチーズ（フレスコ／Fresco）、時間を掛けて発酵させた熟成チーズ（アニェホ／Añejo）などがあります。

パネラ
Panela
最もポピュラーなフレッシュチーズで、北部や中央部で作られる。カゴに入れて水切りをするので、模様がつき、水分が多く、日持ちしない。

オアハカ
Oaxaca
ケシージョとも呼ばれ、糸状にさける人気のチーズ。低脂肪高蛋白。

コティハ
Cotija
ミチョアカン州の同名の村で作られている熟成期間も長く手間のかかった完成度の高いチーズ。削って料理に振り掛けても使われる。

クレーマ
Crema
牛乳とナタ（牛乳の油脂）とを使っていて、塩味と酸味があるクリームチーズ。乾燥させて粉状にしたものも。

アサデーロ
Asadero
地域によってボール状、ブロック状、円形など形状も色も異なる生乳のフレッシュチーズ。

マンチェゴ
Manchego
脂肪分が多い、スペインが本場のチーズ。

左がパネラ、右がマンチェゴ、手前がオアハカチーズ。奥は赤いロウでコーティングしているオランダで有名なエダムチーズ（Queso Edam）。

ケレタロ州のチーズ工房で作られている羊のチーズ。

様々なタイプのチーズの盛り合わせ。

コティハチーズ。

2 アルコール図鑑
Bebidas Alcohólicas Mexicanas

テキーラ、ビール、ワインなどのアルコール飲料で、メキシコで代表的に飲まれているもの、または日本で比較的手に入りやすいものを中心にご紹介します。

● テキーラ　Tequila

シエテ・レグアス
Siete Leguas
ブランコ／Blanco

テキーラの銘醸地アトトニルコのエル・アルトでドン・イグナシオ・ゴンサレスが1952年に創設した老舗メーカー。7レグアスはメキシコ革命の英雄、パンチョ・ビジャの愛馬の名が由来。ロスアルトス地区の太陽の恵みを受けた糖度の高いアガベを使用し、昔ながらのタオナでの圧搾、レンガ造りのオーブンでのスロークッキングでポテンシャルを最大に引き出した。

カサミーゴス
Casamigos
ブランコ／Blanco

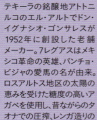

ハリウッド俳優、ジョージ・クルーニーが親友の実業家にしてシンディ・クロフォードの夫でもあるランディ・ガーバーと共に立ち上げた高級テキーラブランド。原料であるアガベの良さを押し出した上質な甘い香りに微かに絡む独特のムスク香が印象的。2013年、日本テキーラ協会が主催するテキーラ・オブ・ザ・イヤーのブランコ部門で、金賞を受賞。

エラドゥラ
Herradura
プラタ／Plata

1870年アマティタンのアシエンダ・サン・ホセ・デル・レフヒオにて創業以来、1世紀以上も正統派テキーラを送り出している信頼のメーカー、エラドゥラ。自社農園で栽培されたアガベのみを使用し、蒸留所内の蔵付き酵母で自然発酵させるという伝統の製法にこだわる。このテキーラはアメリカンオーク樽で45日熟成され、ほのかな樽香も感じられる。

ホセ・クエルボ・トラディシオナル
José Cuervo Tradicional
レポサード／Reposado

メキシコ映画黄金期に、ペドロ・アルメンダリス、ホルヘ・ネグレーテ、ペドロ・インファンテなどの伝説的スター達と共にカンティーナの場面で銀幕にしばしば登場していた、メキシコで絶大な人気を誇る名物テキーラ。クエルボ家の家紋、カラスのラベルでも有名な、歴史ある作り手の代表作からレポサードを。

ドン・フリオ
Don Julio
レポサード／Reposado

10代で小さな蒸留所を起こし、一代でメキシコの最も有名なプレミアムテキーラのトップブランドを育てた伝説の職人ドン・フリオ・ゴンサレス。徹底した品質へのこだわりを貫き、プレミアムテキーラというジャンルを切り開いた。7年半以上じっくり育てたアガベを材料に独自の手法で丹念に造り上げ、アメリカンオークの樽で熟成させた洗練の一本。

カサドーレス
Cazadores
レポサード／Reposado

先住民の言葉で「高貴な土地」という意味を持つハリスコ州の高原地帯のアランダスよりお届けられる絶品テキーラ。古代メキシコにおいて最も神聖な動物とされた鹿の絵がラベルを飾り、メキシコでは、発売以来、絶大な人気を誇っている。日本テキーラ協会が選んだ2011年のベストテキーラ、レポサード部門で金賞を受賞。

コラレホ
Corralejo
レポサード／Reposado

テキーラとしては珍しくハリスコ州ではなく、隣のグアナファト州で造られているが、アガベの上品な甘さと特注の大樽で4か月寝かせたウッドとのバランスが秀逸でメキシコではとても人気の高い逸品。メキシコ独立の父、ミゲール・イダルゴ神父はこの蒸留所の前身の農場出身、という縁からコラレホのラベルには彼のサインが記されている。

8（オーチョ）
Ocho
レポサード／Reposado

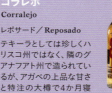

世界に二人しかいない「テキーラアンバサダー」トーマス・エステスとハイランドテキーラの名門カマレナ家の三代目カルロスが組み、シングルエステートヴィンテージという新コンセプトで、毎年ベストなアガベを生産した農場から仕入れ、丁寧な造りでアガベのポテンシャルを最大限に引き出した。試行錯誤の末8番目でようやく満足できたことからこの名に。さらに8週間と8日、あえて中古樽で熟成。

サウサ・トレス・ヘネラシオネス
SAUZA Tres Generaciones
アニェホ／Añejo

2大テキーラ・メーカーのうち、メキシコ国内で優位のシェアを占める名門サウサが創設者セノビオ、二代目エラディオ、三代目ハビエルの三世代にわたるテキーラ造りの技術を結集して世に問うた逸品。選び抜かれたアガベを使い、3度の蒸留によるピュアさと長期熟成による深い味わいを兼ね備えている。

パトロン
Patrón
アニェホ／Añejo

アメリカでセレブに愛され、絶大な人気を誇るウルトラプレミアムテキーラ。蒸留責任者に熟練のフランシスコ・アルカラスを迎え、2本の生産ラインで造った原酒をブレンドした後2回蒸留。3種の樽での熟成を経てまたブレンドという複雑で手間のかかった工程で造られている。

デル・マゲイ・サン・ルイス・デル・リオ
Del Maguey San Luis del Río

アメリカ人アーティスト、ロン・クーパーが1990年に立ち上げた、シングルビレッジでフェアトレード、オーガニックメスカルのブランド。オアハカ市より南へ2時間、さらに山道を2時間の高地にある小さな村の急斜面に植えられたエスパディンマゲイから造られるこのメスカルはスパイス、果実味、スモーキーさにシトラスが強く香り、クリーミーでスムーズな口当たりですっきりとした後味。

シナイ・ホーベン
Sinai Joven

メキシコ南部オアハカ州の小さな村で、先住民サポテカ族の言葉で「昔のような」を意味する名前の通りに伝統的な製法で造られる極上メスカル。テキーラで使われるブルーアガベに対してこちらはエスパディンと呼ばれる品種のアガベが使われている。じっくりと蒸し焼きにされたスモーキーさにアガベ由来の柑橘系の香りが絶妙にマッチ。

※ 2021年4月現在、テキーラのカサドーレス、サウサ・トレス・ヘネラシオネス、メスカルのデル・マゲイ・サン・ルイス・デル・リオは、日本への正規輸入を終了しています。

● ワイン ビノ／Vino

ラ セット L.A. Cetto
プティ・シラー／Petite Sirah
メキシコで最も輸出に力を入れ、また国内での流通も進み、安価なワインも多いラセット。1995年に年間最優秀赤ワイン賞を受賞し、各国でメダル獲得50個以上を数える。肉料理、チーズ、メキシコ料理にも合うポピュラーなワイン。

ラ セット L.A. Cetto
ネッビオロ・プリバード・リザーブ／Nebbiolo Private Reserve
創業者はイタリア人のラセット。こちらはネッビオーロ100％で造られた上級キュベで常に評価が高い1本。フレンチオーク樽で14か月熟成後、瓶詰してからさらに24か月熟成。ルビー色が美しい赤ワイン。

カサ・マデロ Casa Madero
シラス／Shiraz
アメリカ大陸で最も古いワイナリー、カサ・マデロからメインシリーズのどっしりとしたシラス。国内外の数々のメダルを受賞。モレなどのメキシコ料理、チョコレートやタバコとも合う。肉料理、チーズやアテのデザートにも合う。

カサ・マデロ Casa Madero
カサ・グランデ シャルドネ／Casa Grande Chardonnay
カサ・マデロのハイシリーズのカサ・グランデから、魚料理のほか、鶏肉など軽めの肉料理、チレス・エン・ノガーダ、モレ・ネグロなどのメキシコ料理と相性のいい白。ロゼならカサ・マデロでは「V.」の2012年がおすすめる。

フレシネ・デ・メヒコ Freixenet de México
サラ・ビベ・ブリュット／Sala Vivé Brut
スペインのカタルーニャ地方にあるスパークリングワインのカバで有名なワイナリーのメキシコ版がケレタロ州にある。8割がスパークリングワインで、メキシコオリジナルブランドがこのサラ・ビベ。セミ・セコ（Semi Seco）も人気。

モンテ・シャニック Monte Xanic
エル・ソーヴィニョン・ブランク・ビニャ・クリスタル／El Sauvignon Blanc Viña Kristel
1988年創業で、こだわりの高品質のブランドワインを限定生産で作り、ブランドワインブームの先駆のワイナリー。メキシコワインの国際的な評価を上げたブランドとしても有名。この白は毎年のように国内外で様々な賞を受賞している。

アドベ・グアダルーペ Adobe Guadalupe
ミゲル／Miguel
1998年に初めてブドウの木を植え、2000年に初収穫したという若いワイナリーながら、高評価を受けている。テンプラニーヨやカベルネ・ソーヴィニョン、グルナッシュ、メルローが好バランスの赤。10か月熟成。ロゼのURIELも高評価。

サント・トマス Santo Tomás
ウニコ／Único
1888年に創立した、エンセナダでも一番歴史がある大手ワイナリー。提供するワインの種類も一番多く、貴腐ワインなど様々なタイプがある。Siroccoなども評価が高いが、メルローとカベルネのウニコはワイナリーイチ押しの高級ワイン。

● ビール セルベッサ／Cerveza

ドスエキス XX
メキシコ全土で飲まれる定番。癖がなくキレがあって爽やか。アンバーとラガーがある。

ソル Sol
ビーチエリアで人気の軽い飲み口のビール。ハイネケンに買収されたがメキシコでも人気は変わらず。

テカテ Tecate
世界的にも有名なアメリカ国境の町テカテのビール。さっぱりした味わい。

コロナ Corona
日本で最も知名度が高いビール。エクストラが定番だが、ライトも人気。ライムを入れるのは国外のみ。

モデロ・エスペシアル Modelo Especial
コクもあり、爽やかで軽い味わいが人気で、固定ファンの多いビール。

ネグラ・モデロ Negra Modelo
ほんのりと甘く、さっぱりとした飲み口と香りで飲みやすいバランスの良い黒ビール。

ボエミア Bohemia
多くの受賞歴があり、ファンが多い。麦の香りが高く、コクがあるヨーロッパ風のビール。

モンテホ Montejo
さっぱりした味わいの、ユカタン半島のローカルビール。ビーチで飲みたいビール。

ビクトリア Victoria
甘みがあるが、すっきりとした飲み口で料理にも合うメキシコでは定番の黒ビール。

パシフィコ Pacífico
マサトランのビールで、軽くて爽やかだが独特な苦みもあり、バハ・カリフォルニアでも定番。

インディオ Indio
濃くない黒ビールで、安価で飲みやすい。メキシコ人の若者に人気のビール。

ノチェブエナ Nochebuena
クリスマスを中心に、メキシコの冬3か月間ほどのみに売られる限定黒ビール。

3
台所道具図鑑
Utensilios de la Cocina Mexicana

メキシコ料理に使われる、昔ながらの独特な調理器具をご紹介します。

モルカヘテ
Molcajete

サルサを作るための石臼のようなすり鉢。すりこぎはテホロテ(Tejolote)。溶岩でできたものが定番。

メタテ
Metate

細長い石臼で、トルティーヤのマサを作ったり、モレの材料をつき潰す。こちらのすり棒はマノ(Mano)。

コマル・デ・バロ
Comal de Barro

トルティーヤを焼く専用の陶製皿。ブリキ製(Comal Metálico)もある。

プレンサ・パラ・トルティーヤ
Prensa para Tortilla

トルティーヤをプレスする道具。金属製のものが一般的。トルティーヤドーラ(Tortilladora)やマキナ(Maquina)とも呼ぶ。

カスエラ・デ・バロ
Cazuela de Barro

火の回りが優しく、温度が下がりにくいので煮物料理には最適の土鍋。小さいものはカスエリータ(Cazuelita)。

ヒカラ
Jícara

カボチャやグアヘ(Guaje)という植物を乾かして作ったポソル(Pozol)やタスカラテ(Taxcalate)を飲むための器。

パラ・デ・マデラ
Pala de Madera

木製のヘラや手彫りのおたまも調理する際には欠かせない調理道具。

モリニージョ・デ・チョコラテ
Molinillo de Chocolate

チョコレートを攪拌する際の専用の混ぜ棒。現在はハンドミキサーで代用も。

ハロ
Jarro

カフェ・デ・オジャなどを入れる持ち手付きの土製のカップ。

エスプリミドール
Exprimidor

レモン搾り機。ライム水(アグア・デ・リモン／Agua de Limón)を作るときなどに欠かせない。

ソプラドール
Soplador

ヤシの葉を編んで作った火を起こすためのウチワ。

トルティジェーロ
Tortillero

温めたトルティーヤを冷まさないために入れておく入れ物。

4
手工芸品図鑑
Artesanías Mexicanas

メキシコの色とりどりの美しい手工芸品から、食器・陶磁器、テーブルクロスなどテーブルウエアを中心にご紹介します。

セルビン焼
Cerámica Servín

ハビエル・セルビン（Javier Servín）氏が始めた焼き物。グアナファト州とミチョアカン州の州境近くに工房があり、双方の地域の影響を受けつつ、独自の繊細でクオリティの高い製品を提供しています。

マジョリカ焼
Cerámica Mayólica

グアナファト在住の陶芸家ゴルキー・ゴンザレス（Gorky González）氏の陶芸が有名です。メキシコの国民栄誉賞を受賞し、マジョリカ焼をベースにした温かみのある作品を作っています。

タラベラ焼
Cerámica Talavera

プエブラやグアナファト州で作られるスペイン由来の陶器です。プエブラでは、1824年創業のウリアルテ（Uriarte）など9社の名窯元のタラベラ焼にはメキシコ政府認定「D04」という認証マークが付きます。グアナファト州ドローレス・イダルゴ市のタラベラ焼は安価で、家を装飾するタイルなどを買いに大勢の人や業者も訪れます。

トナラ焼
Cerámica Tonalá

グアダラハラ州トナラ村やトラケパケ村で作られている陶器です。茶色や青の素朴な色と絵付けで、普段使いにもしやすい食器類が多いです。薄茶色地であまりツヤがないペタティージョと、薄い青地でツヤがあるブリダという2種類の手法に分けられます。動植物が描かれ、家族の守り神としてフクロウのモチーフも多く作られています。

素焼き
バロ Barro

割れやすいがメキシコでは欠かせない素焼きの食器。低温（800℃～900℃）で焼かれ、茶色の地に白、緑の花などの模様が入っているものが一般的です。

オアハカ州サンタ・マリア・アツォンパ（Santa María Atzompa）村のバロ・ベルデ（Barro Verde）。サルサ入れなどが全国で人気。

オアハカ州コヨテペック（Coyotepec）村の黒陶バロ・ネグロ（Barro Negro）。独特の黒いツヤがあり、食器は少ないもののお土産として人気。

メキシコ人家庭によくある普段使いの青い食器。

オアハカ州サン・マルコス・トラパソラ村のバロ・ロホ（Barro Rojo）、ブリキアートのオハラタ（Hojalata）のナプキンリングなど。

ミチョアカン州も焼きものが充実している。磁器に近くかなり固めの焼きで細かく繊細な模様が多く見られる。

ミチョアカン州サンタ・クララ・デ・コブレ（Santa Clara de Cobre）村の銅製品。

オアハカ州のアラソラ（Arrazola）村で彫られた可愛らしいナプキン立て。

織物
Tejidos

スペインの影響が色濃い、メキシコ州サン・フアン（San Juan）村の刺繍。テーブルセンターなど。

チアパス州サン・アンドレス・ララインサール（San Andrés Larrainzar）村の織物。

チアパス州シナカンタン（Zinacantán）村の織物。テーブルセンターなどに使われる。

チアパス州などマヤ系の先住民の村々ではいざりばた（居坐機）で織る織物を多く見る。

食に関するスペイン語

Glosario de la Gastronomía Mexicana

ジャンル	スペイン語	読み方	意味
調理	Cocinar	コシナール	
	guiso, guisado/a	ギソ、ギサード(ダ)	煮込み、シチュー
	ahumado/a	アウマード(ダ)	燻製
	salteado/a	サルテアード(ダ)	ソテー
	cocido/a	コシード(ダ)	茹でたもの
	frito/a	フリート(タ)	揚げもの
	sofrito/a	ソフリート(タ)	油で煮たもの
	relleno/a	レジェーノ(ナ)	詰めもの
	crudo/a	クルード(ダ)	生もの
	rostizado/a	ロスティサード(ダ)	焼いたもの
	empanizado/a	エンパニサード(ダ)	カツ
	a la plancha	ア・ラ・プランチャ	ソテー、鉄板焼き
	a las brasas	ア・ラス・ブラサス	炭火焼き
	a la parrilla	ア・ラ・パリージャ	網焼き
	al horno	アル・オルノ	オーブン焼き
	al vapor	アル・バポール	蒸したもの
	al limón	アル・リモン	レモンに漬けた
	macizo	マシソ	塊
	en trozos	エン・トロソス	ぶつ切り
	corte fino	コルテ・フィノ	薄切り
	corte grueso	コルテ・グルエソ	厚切り
	freír	フレイール	揚げる、フライにする
	empanar	エンパナール	パン粉を付ける、パイ皮で包む
	hervir	エルビール	沸かす、茹でる、沸騰させる
	guisar	ギサール	煮込む
	condimentar	コンディメンタール	調味する
	sazonar	サソナール	味付ける
	asar	アサール	焼く
	tostar	トスタール	トーストする
	hornear	オルネアール	オーブンで焼く
	refrigerar	レフリヘラール	冷蔵庫に入れる
	congelar	コンヘラール	凍らせる
	descongelar	デスコンヘラール	解凍する
	calentar	カレンタール	温める
	enfriar	エンフリアール	冷ます
	cortar	コルタール	切る
	picar	ピカール	細かく刻む、つまむ、ひく、刺す
	mezclar	メスクラール	混ぜる
	pelar	ペラール	皮をむく
	rallar	ラジャール	すりおろす
	batir	バティール	泡立てる
	encender, prender	エンセンデール、プレンデール	火をつける
	apagar	アパガール	火を消す
	mojar	モハール	ぬらす
	adornar	アドルナール	飾る
	quemar	ケマール	焦がす
	moler	モレール	細かく砕く、粉にする
	suavizar	スアビサール	柔らかくする
	rellenar	レジェナール	中に詰め物をする
	marinar	マリナール	マリネにする
	dulce	ドゥルセ	甘い
	picante	ピカンテ	苦い
	salado/a	サラード(ダ)	しょっぱい
	amargo/a	アマルゴ(ガ)	苦い
	ácido/a	アシド(ダ)	すっぱい
	duro/a	ドゥーロ(ラ)	硬い
	blando/a	ブランド(ダ)	柔らかい
	maridaje	マリダヘ	マリアージュ

ジャンル	スペイン語	読み方	意味
調味料	Condimentos	コンディメントス	
	sal de mesa/ refinada	サル・デ・メサ／レフィナーダ	精製塩
	sal gruesa/ de cocina	サル・グルエサ／デ・コシーナ	荒塩
	azúcar	アスーカル	砂糖
	azúcar refinado	アスーカル・レフィナード	グラニュー糖
	azúcar estándar/ morena	アスーカル・エスタンダル／モレーナ	中白糖
	azúcar mascabado	アスーカル・マスカバード	ザラメ
	terrón de azúcar	テロン・デ・アスーカル	角砂糖
	azúcar glas	アスーカル・グラス	粉砂糖
	endulzante sin calorías/ sustituto de azúcar	エンドゥルサンテ・シン・カロリアス／ススティトゥート・デ・アスーカル	人工甘味料
	miel de abeja	ミエル・デ・アベハ	はちみつ
	miel de agave	ミエル・デ・アガベ	アガベシロップ
	jarabe de maíz	ハラベ・デ・マイス	糖みつ
	vinagre	ビナグレ	酢
	mayonesa	マジョネサ	マヨネーズ
	mostaza	モスタサ	マスタード
	catsup	ケツップ	ケチャップ
	salsa inglesa	サルサ・イングレサ	ウスターソース
油脂類	Aceites y Grasas	アセイテス・イ・グラサス	
	aceite vegetal	アセイテ・ベヘタル	植物油
	aceite de maíz	アセイテ・デ・マイス	トウモロコシ油
	aceite de girasol	アセイテ・デ・ヒラソル	ひまわり油
	aceite de ajonjolí	アセイテ・デ・アホンホリ	ゴマ油
	aceite de oliva	アセイテ・デ・オリーバ	オリーブ油
	aceite de cártamo	アセイテ・デ・カルタモ	紅花油
	aceite de aguacate	アセイテ・デ・アグアカテ	アボカド油
	mantequilla	マンテキージャ	バター
	margarina	マルガリーナ	マーガリン
	grasa comestible	グラサ・コメスティブレ	ショートニング
	manteca	マンテカ	ラード
	grasa de vaca	グラサ・デ・バカ	ヘッド
	harina de trigo	アリーナ・デ・トリゴ	小麦粉
	harina de maíz	アリーナ・デ・マイス	トウモロコシ粉
	fécula de maíz	フェクラ・デ・マイス	コンスターチ
	pan molido	パン・モリード	パン粉
	levadura	ラバドゥーラ	生イースト
	bicarbonato de sodio	ビカルボナート・デ・ソディオ	重曹
道具	Utensilios	ウテンシリオス	
	cacerola	カセロラ	土鍋
	sartén	サルテン	フライパン
	báscula	バスクラ	秤
	trastes	トラステス	食器類
	cubiertos	クビエルトス	カトラリー、食器セット
	pala	パラ	フライ返し
	espátula	エスパトゥラ	ヘラ
	tabla	タブラ	まな板
	cucharón	クチャロン	おたま
	aventador	アベンタードル	火を起こすウチワ
	cuchillo	クチージョ	ナイフ
	cuchara	クチャーラ	スプーン
	tenedor	テネードル	フォーク
	plato	プラト	皿
	vaso	バソ	コップ
	taza	タサ	カップ
	copa	コパ	グラス
	charola	チャローラ	おぼん
	mantel	マンテル	テーブルクロス
	mantelito	マンテリート	ランチョンマット
	servilleta	セルビジェータ	ナプキン

メキシコ食材取扱店・業者
Tiendas con Productos Mexicanos

メキシコ中南米市場　シンコ cinco-japon.stores.jp	(0532) 55-3451 gonzalez@cinco-japon.com	〒440-0011 愛知県豊橋市牛川通5-2-24	メキシコ食材、酒類、調理器具などをWEBで小売販売。
メキシコ料理ドットコム www.mex-f.com	(092) 724-9844 tacos@elborracho.com	〒810-0074 福岡県福岡市中央区大手門3-12-32	メキシコ料理＆食材の通販。レストラン経営や卸売も。
篠ファーム http://shinofarm.jp	(0771) 89-1800 info@shinofarm.jp	〒622-0236 京都府船井郡京丹波町院内市庭10-2	ハバネロをはじめとした新野菜などのWEB販売を行う。
PEPPERS.JP www.peppers.jp	(027) 395-9790 shopmaster@peppers.jp	〒379-0217 群馬県安中市松井田町土塩2539	各種チレやトマティージョなどを栽培し、WEBで販売。
ドラジェ www.rakuten.ne.jp/gold/tamaki-web/	(048) 762-3451 tamaki-web@shop.rakuten.co.jp		ワインなど酒類中心だが、中南米食材も扱う。
キョウダイマーケット http://kyodaimarket.com	(03) 3280-1035 kyodaimarket@kyodai.co.jp	〒141-0022 東京都品川区東五反田1-13-12いちご五反田ビル6F	五反田実店舗の他、WEBでも食材を販売。
ムンドラティーノ www.rakuten.co.jp/nambei/	(03) 5244-4660 nambei_2@shop.rakuten.co.jp		南米食材中心だがメキシコ食材も。WEB購入も可能。
ナショナル麻布スーパーマーケット www.national-azabu.com	(03) 3442-3181	〒106-0047 東京都港区南麻布4-5-2	多数のメキシコ食材が揃う広尾駅近くの老舗スーパー。
ナショナル田園 www.national-azabu.com	(03) 3721-4161	〒158-0085 東京都世田谷区玉川田園調布2-6-21	メキシコ食材の取り扱いありの国際食材スーパー。
カルディコーヒーファーム www.kaldi.co.jp	お客様相談室 (0120) 415-023 customer@kaldi.co.jp		全国に店舗あり。オンラインショップでも販売。
成城石井 www.seijoishii.com			全国店舗の他、ネットショップでも購入可能。
株式会社ワールドトレーディング www.worldtrading.jp	(075) 771-7900	〒606-8344 京都府京都市左京区岡崎円勝寺町1-30	自社製造・輸入食品を販売する卸・仕入れ専門。
リードオフジャパン株式会社 www.lead-off-japan.co.jp	(03) 5464-8170	〒107-0062 東京都港区南青山7-1-5 コラム南青山2F	中南米を含む世界各国の食品、飲料、酒類の総合商社。
有限会社Kanコーポレーション www.kan-mex.com	(03) 3363-0303 info@kan-mex.com	〒169-0074 東京都新宿区北新宿1-35-9 1F	メキシコ直輸入食品の卸専門業者。
バレンシア有限会社 www.valenciacoltd.com	(042) 396-1581 valenciacoltd@hotmail.com	〒189-0011 東京都東村山市恩多町1-40-4	メキシコ料理の食材を製造、輸入販売する卸専門業者。

Amazon.co.jp (www.amazon.co.jp) やコストコ (www.costco.co.jp) などでも一部手に入ります。
※全て2025年2月現在の情報です。

あとがき
「グラシアス(ありがとう)!」

　今から思えば、あの一言が全ての始まりだったのかもしれない。今からおよそ30年近くも前、カリフォルニアの日本食レストランで働き始めた僕に、皿洗いのメキシコ人の少年がかけてくれた言葉でした。アメリカだから当然、皆、英語を話していると思っていた僕にとって、そのエキゾチックな響きが衝撃的で、一気にメキシコという未知の国への興味をかきたてられました。

　それからは、同じ厨房で働いていたメキシコ人たちと仲良くなるにつれて、彼らの国の食べ物や音楽、言葉などを教えてもらって、さらにメキシコという国のことを知りたくなりました。

　バックパックを背負ってメキシコを何度も訪れ、あちこちを旅するうちに、特に彼らの食文化の豊かさに魅了されました。日本のような米や欧米のようなパンでもない、トウモロコシが主体で、バラエティに富んだトウガラシを調味料として使うという独特の世界。そして豊かな大地が育んだ豊富な食材、地方ごとに顔を変える多様性。よく、英語で"earthy"と表現される、力強い大地を感じさせる味に、様々なトウガラシや香草のエキゾチックな香りが溶けこんだ、沸き立つような料理の数々。

　それは、古代より続く多様な先住民の食文化に、約500年前、スペイン人が持ち込んだヨーロッパ、アラブ文化が混ざり合った後、独自の進化を経て生まれた、他のどこにもないメキシコ料理の唯一無二の世界でした。

　メキシコ市の料理学校やレストランで学んで帰国し、東京にメキシコ料理の店を構えて16年、なんとか続けて来られたのは、そんなメキシコの味が日本の方々にも受け入れていただけたからと思っています。今回、この本を通じて、さらに多くの方にメキシコ伝統料理の魅力を伝えることができたらこんなに嬉しいことはありません。

　今までお店を支えてくれたスタッフたち、お客様、そして家族。この本の執筆にあたってお世話になった方々に改めて感謝いたします。「グラシアス!」

森山光司

サルシータ / Salsita

〒106-0047 東京都港区南麻布4－5－65
(03) 3280-1145
salsita-tokyo.com
info@salsita-tokyo.com

森山光司
Moriyama Koji

1965年生まれ、広島県出身。1986年カリフォルニアでメキシコ料理に出合う。スペインとメキシコでスペイン語を学び、メキシコ市のクラウストロ・ソルフアナ大学でガストロノミーのコースを卒業、ポランコのレストラン「Las Carolinas」で修業を積む。また、オアハカやプエブラなどメキシコ国内の様々な地域を旅して各地の料理を学ぶ。帰国後、日本国内複数のメキシコ料理レストランでマネージャーを務め、1999年、東京都恵比寿で「サルシータ」をオープン、2007年に南麻布に移転。TV番組『大使館の食卓』で「メキシコ大使館おすすめのレストラン」として放映されたり、メキシコの新聞『レフォルマ』で世界の主要都市10から本場の味を忠実に再現するメキシコ料理レストランを選ぶ記事で、日本代表として紹介されるなど、定評がある。メキシコ直輸入の食材を使いながらも辛さだけを強調せず、素材の味を活かす料理で支持を集め、予約困難な人気店に。日本在住のメキシコ人、メキシコ在住歴の長い日本人からも愛されている。

三好勝
Miyoshi Masaru

翻訳・執筆
1952年生まれ、在日メキシコ大使館翻訳官。神戸市外国語大学大学院修士課程修了。共訳著に『近代メキシコ日本関係史』(現代企画室)、『条約から条約へ（墨日国交120周年）』、監訳著に『オクタビオ・パス太陽の石』(文化科学高等研究院出版局)、共著に『メキシコと日本－友好関係の軌跡－』ほか。

入山セバスティアン慎一
Iriyama Sebastián Shinichi

スペイン語校正・執筆
日本生まれ、メキシコ育ち。スペインのナバーラ大学留学。京都外国語大学大学院修士課程修了。その後大学等でスペイン語教育に携わる。現在は、政治外交史の研究を続けながら、在日メキシコ大使館で通訳及び翻訳を担当。

志田朝美
Shida Asami

コーディネート・執筆
メキシコ在住を経て2007年より、メキシコ文化を紹介するコーディネーターとして、レコードレーベル運営／アーティスト招聘／イベント企画／執筆／翻訳など多方面で活躍。2013年夏よりメキシコ政府観光局にも勤務。

日置マリ
Hioki Mari

執筆
2009年よりメキシコ市在住、オリジナルスイーツの制作・販売を手掛け、多数のレストランを顧客に持つ。現地に根付いた厳選した素材で風土・風習も考慮した味の研究、執筆活動なども行っている。
www.marispastry.mx

片岡恭子
Kataoka Kyoko

執筆協力
同志社大学文学研究科修士課程修了。スペインのコンプルテンセ大学留学。ラテンアメリカを3年以上放浪。2015年現在、47か国を歴訪。メキシコガイドブック執筆のほか、連載多数。著書に『棄国子女』(春秋社)がある。

ゴンサレス・ウルビナ・カレン
González Urbina Karen

編集協力
パナメリカーナ大学にて経営マーケティングを学び、米国ワシントンD.C.へ留学。メキシコ政府機関に従事の後、来日。現在は在日メキシコ貿易投資促進機関に所属している。2013年出版『世界遺産になった食文化・マヤ文明から伝わるメキシコ料理』のプロダクションチームとして監修も手掛けた。

志田実恵
Shida Mie

企画・編集・執筆
出版社勤務後、スペイン滞在を経て2008年よりメキシコに4年半滞在。現地で旅行情報誌の編集長を務め、帰国後もメキシコを始めとする旅行ガイドブックの編集などに携わる。メキシコ各地の食、レストランの取材多数。

Staff

監修・レシピ・料理作成：森山光司
コーディネート：志田朝美
企画・編集：志田実恵
料理・店内撮影：手塚栄一
現地撮影：鯉谷淑敬
装丁・デザイン：望月昭秀（ニルソン）
校正：聚珍社
スペイン語校正：入山セバスティアン慎一
ディレクション：TOPPANクロレ 神林嘉輝

協力：メキシコ観光局、オアハカ州政府観光局、プエブラ州政府観光局、ハリスコ州政府観光局、メキシコ雑貨 Suerte Ricardo Espinosa-reo、植田光一、小野由美子、加藤千賀、川崎さやか、河原裕子、五藤雅之、小林貴徳、髙橋比呂美、芳賀裕子、保坂まり子、松枝勝利

参考文献

『Larousse los Clásicos de la Cocina Mexicana』Ricardo Muñoz Zurita／Larousse México
『Larousse de la Cocina Mexicana』Alicia Gironella／Larousse México
『Las Fiestas de Frida y Diego: Recuerdos y Recetas』Guadalupe Rivera Martín／Promexa
『Williams-Sonoma Collection: Mexican』Free Press
『México The Beautiful Cookbook』Susanna Palazuelos／Harpercollins
『Mexico: The Cookbook』Margarita Carrillo／Phaidon Press
『My Mexico』Diana Kennedy／Clarkson Potter
『Authentic Mexican』Rick Bayless／William Morrow And Company
『Cocina Mexicana Fácil』James Oseland／Planeta Publishing
『México, Una Herencia de Sabores』Susanna Palazuelos／Random House Mondadori
『魅力のメキシコ料理』渡辺庸生／旭屋出版
『本格メキシコ料理の調理技術』渡辺庸生／旭屋出版
『メキシコ料理便利帖』日墨協会婦人会編
『MEXLIFEメキシコ情報 2013年度版』メキシコ生活向上委員会編
『世界遺産になった食文化4 マヤ文明から伝わるメキシコ料理』服部津貴子監修／WAVE出版
『メキシコのわが家へようこそ』黒沼ユリ子／主婦と生活社
『シリーズ世界の食生活11メキシコ』Manuel Alvarado／リブリオ出版
『メキシコのごはん』銀城康子／農山漁村文化協会
『メソアメリカを知るための58章』井上幸孝／明石書店
『現代メキシコを知るための60章』国本伊代／明石書店
『旅の指さし会話帳 メキシコ』コララテ／情報センター出版局
『メキシコ 絵を見て話せるタビトモ会話』玖保キリコ／JTBパブリッシング
『るるぶメキシコ[2013]』JTBパブリッシング
『メキシコ高校歴史教科書』国本伊代訳、他／明石書店
『古代メソアメリカ・アンデス文明への誘い』杉山三郎 他／風媒社
『マヤ神話 ポポル・ヴフ』林屋永吉訳／中公文庫

家庭料理、伝統料理の調理技術から食材、食文化まで。本場のレシピ100

メキシコ料理大全 第2版

2015年7月17日　第1版　発行　NDC596
2023年6月9日　第5刷
2025年4月28日　第2版　発行

著　者　森山光司（もりやまこうじ）
発行者　小川雄一
発行所　株式会社 誠文堂新光社
　　　　〒113-0033 東京都文京区本郷3-3-11
　　　　https://www.seibundo-shinkosha.net/
印刷・製本　TOPPANクロレ 株式会社

©Koji Moriyama. 2015　　　　Printed in Japan

本書掲載記事の無断転用を禁じます。

落丁本・乱丁本の場合はお取り替えいたします。

本書の内容に関するお問い合わせは、小社ホームページのお問い合わせフォームをご利用ください。

本書に掲載された記事の著作権は著者に帰属します。これらを無断で使用し、展示・販売・レンタル・講習会等を行うことを禁じます。

JCOPY <（一社）出版者著作権管理機構 委託出版物>
本書を無断で複製複写（コピー）することは、著作権法上での例外を除き、禁じられています。本書をコピーされる場合は、そのつど事前に、（一社）出版者著作権管理機構（電話 03-5244-5088／FAX 03-5244-5089／e-mail: info@jcopy.or.jp）の許諾を得てください。

ISBN978-4-416-52514-2